名师名校名校长

凝聚名师共识
回应名师关怀
打造名师品牌
培育名师群体

带班三十六计

主编 唐叶 彭佩

副主编 陈悦 卢冬玥 李婷

中国传媒大学出版社

·北京·

图书在版编目（CIP）数据

带班三十六计 / 唐叶, 彭佩主编. -- 北京：中国传媒大学出版社, 2025.2.
ISBN 978-7-5657-3899-9

Ⅰ.G451.6

中国国家版本馆CIP数据核字第202580X3F7号

带班三十六计
DAIBAN SANSHILIU JI

主　　编	唐　叶　彭　佩	
责任编辑	王　硕	
责任印制	李志鹏	
封面设计	言之凿	
出版发行	中国传媒大学出版社	
社　　址	北京市朝阳区定福庄东街1号	邮　编　100024
电　　话	86-10-65450532　65450528	传　真　65779405
网　　址	httpp://cucp.cuc.edu.cn	
经　　销	全国新华书店	
印　　刷	北京政采印刷服务有限公司	
开　　本	710mm×1000mm　1/16	
印　　张	16.5	
字　　数	218千字	
版　　次	2025年2月第1版	
印　　次	2025年2月第1次印刷	
书　　号	ISBN 978-7-5657-3899-9	定　价　58.00元

本社法律顾问：北京嘉润律师事务所　郭建平

编委会

主编：唐叶　彭佩

副主编：陈悦　卢冬玥　李婷

编委：（按照姓氏拼音排名）

陈翠　龚欢　霍琰　江家丽　寇贝贝

赖琦琦　李小双　李亚奇　刘静　倪爱华

施碧冰　伍占凤　许冰霜　薛怡　叶春燕

银珏　张璇　赵晨曦

序言

在教育的广袤天地里，班主任是那片最富有生机与活力的绿洲。他们不仅是知识的传递者，更是学生心灵的守护者，班级建设的引领者。而每一位优秀的班主任，都有一套自己独特的带班之道。这些经验和方法如同珍贵的种子，值得我们去挖掘、去传承。

今天，我们有幸为这样一本书——《带班三十六计》作序，它汇聚了一线班主任们的智慧与经验，旨在为广大教育工作者提供一本实用的带班指南。

一、编书之缘起

在日复一日、年复一年的教育实践中，我们不难发现，每一位班主任都在为班级的和谐与发展不懈努力。他们用心观察学生，用爱呵护学生，用智慧去管理班级。然而，这些宝贵的经验往往因为缺乏有效的交流和传承而显得零散和碎片化。为了让这些经验得以系统化、理论化，我们决定编写一本关于一线班主任带班经验的书籍。我们希望通过这本书，将班主任们的智慧与经验传递给更多的教育工作者，让更多的人受益。

二、目标之设定

在编书之初，我们设定了明确的目标：一是要全面总结一线班主任的带班经验，用一个个鲜活的案例及思考助力青年班主任成长，减轻一线青年教师的带班压力，这也是这本书写作的初衷；二是要为教育工作者提供一本实用的参考手册,帮助他们更好地应对班级管理中遇到的各种问题和挑战;三是想通过具体、生动的案例聚焦学生核心素养提升,引领学生幸福发展,同时,促进教育经验的交流与分享,推动教育事业的不断发展。

  为了实现编写目标,唐叶市名班主任工作室全员投入,组建了一支专业且富有经验的编书团队。我们的工作有条不紊地展开,首先,我们深入校园,与同人进行面对面的交流,倾听他们在带班过程中的经验和心得,了解他们在日常管理中遇到的困惑和挑战。同时,我们也积极与学生、家长沟通,倾听他们的声音,了解他们对班级管理和教育的期望与需求。

  在收集第一手资料的同时,我们也广泛查阅了各种教育文献和资料,从中汲取了丰富的理论知识和实践经验。这些文献和资料不仅为我们的编写工作提供了宝贵的素材和参考,也帮助我们更好地理解和把握当前教育领域的最新动态和热点问题。

  更为重要的是,编书团队中的每一位成员都把自己在一线工作的实际经验付诸笔端。我们结合自身的实践经验,对收集到的素材进行深入的剖析和解读,提炼出具有普遍性和实用性的教育智慧。通过这种方式,我们确保书籍内容既具有理论深度,又贴近实际,能够为广大教育工作者提供真正有价值的参考和指导。

  在整个编书过程中,我们始终坚持以实用性和可操作性为原则,力求将班主任们的经验和方法转化为易于理解和操作的指南。同时,我们也注重了内容的系统性和连贯性,使整本书形成一个完整的知识体系。我们相信,通过我们的共同努力,《带班三十六计》将成为一本对教育工作者具有深远影响的实用之作。

三、编书之过程

  在编书的过程中,我们按照预设的章节划分——班级管理、班级建设、家校沟通、特殊儿童教育,进行内容的组织和编写。

  首先,在"班级管理"章节中,我们着重介绍了班主任在班级日常管理中遇到的各种问题和挑战，并分享了一些有效的应对策略和方法。例如，如何建立和维护班级秩序、如何培养学生的自律意识、如何处理学生的违规行为等。我们通过具体的案例分析和操作指南，让读者能够深入理解并掌握这些实用技巧。

其次，在"班级建设"章节中，我们强调了班级文化的重要性，并介绍了如何构建积极向上的班级文化。我们分享了一些成功的班级建设案例，包括如何制定班级规章制度、如何组织班级活动、如何培养学生的集体荣誉感等。这些案例不仅具有启发性，而且具有很强的可操作性。

再次，在"家校沟通"章节中，我们探讨了家校沟通的重要性以及如何进行有效的家校沟通。我们介绍了与家长建立良好关系的方法、处理家长投诉和意见的技巧，以及如何通过家校合作促进学生的全面发展。这些经验和技巧对于班主任来说具有重要的参考价值。

最后，在"特殊儿童教育"章节中，我们关注了特殊儿童的教育问题，并分享了一些针对特殊儿童的教育方法和策略。我们强调了理解和尊重特殊儿童的重要性，并介绍了一些具体的帮助和支持措施。这些内容对于班主任来说具有重要的指导意义。

四、团队之努力

编书的过程并非一帆风顺，我们遇到了许多困难和挑战。首先，由于班主任们的工作繁忙，很难抽出足够的时间来参与编写工作。为了解决这个问题，我们采取了灵活的写作安排和时间管理方式，利用周末和晚上的时间进行交流和讨论。同时，我们也积极邀请了一些资深的班主任担任顾问，为编写工作提供了宝贵的指导和建议。

其次，在内容的筛选和整理上，我们也花费了大量的时间和精力。为了确保书籍内容的实用性和权威性，我们多次与一线班主任进行交流沟通，不断调整和完善书籍内容。同时，我们也邀请了多位教育专家对书稿进行审稿和修订，以确保书籍的质量。

最后，在书籍的排版和编辑上，注重细节和品质。我们采用了简洁明了的排版风格，使书籍内容更加易于阅读和理解。同时，我们也注重书籍的装帧设计和印刷质量，使书籍更加精美和耐用。

五、结语与展望

《带班三十六计》的编写过程虽然艰辛而漫长，但当我们看到书稿完成时，心中充满了喜悦和自豪。我们相信这本书将为广大教育工作者提供一些实用的带班指南，帮助他们更好地应对班级管理中遇到的各种问题和挑战。同时，我们也希望这本书能够激发更多教育工作者对于教育事业的热情和投入，共同推动教育事业的不断发展。

未来，我们将继续关注教育领域的最新动态和热点问题，不断更新和完善书籍内容，使其始终保持前瞻性和实用性。我们也期待更多的教育工作者能够参与到书籍的编写和修订工作中来，共同为教育事业的发展贡献智慧和力量。让我们携手前行，在教育的道路上不断探索和创新，为培养更多优秀的人才而努力奋斗！

深圳市唐叶市名班主任工作室

没有规矩不成方圆——班级管理

班级管理：规则筑基，育德育行 ………………………………… 2
浅谈当有温度的家校联络者 ……………………………………… 8
本手守初心，妙手筑童心 ………………………………………… 14
低年级班干部的综合选拔模式探讨 ……………………………… 22
浸润式批评教育：会共情，促生长 ……………………………… 29
良好的班风，道德成长的沃土 …………………………………… 35
家校沟通：携手同心，共育英才 ………………………………… 41
有关爱，讲原则 …………………………………………………… 46
班级德育如何"以小见大" ………………………………………… 52

活动、文化两手抓——班级建设

自强为根，以文化人 ……………………………………………… 62
优化班级管理，实施孝道教育 …………………………………… 72
帆影书香　知海航心 ……………………………………………… 82
构建阅读共同体，激发班级建设新活力 ………………………… 91
班级环境之光，照亮品格之路 …………………………………… 102
浸润式班级建设助力儿童全面发展 ……………………………… 109
宽严相济　做最好的自己　创最好的集体 ……………………… 115

浅谈班级建设策略 …………………………… 124

"小厨神"的诞生 …………………………… 129

沟通从心开始——家校沟通

"多心"助沟通，家校守共育 …………………………… 136

"萨提亚家庭治疗"解决亲子冲突的案例分析 …………… 144

同台"搭戏"，乐做导演 …………………………… 152

家校沟通：不内耗，慧沟通 …………………………… 160

琴瑟和鸣之家校共筑品德殿堂 …………………………… 166

是家长也是同行，你会怎么做？ …………………………… 171

互赖模式下的家校沟通 …………………………… 178

换位共情，帮助心理危机学生走出困境 …………………… 185

家校沟通：真诚沟通，相互理解 …………………………… 191

想说爱你不容易——特殊儿童教育

爱是夜空中最亮的星 …………………………… 198

"小聪明"变身"大智慧" …………………………… 203

从"万人嫌"到"万人迷"的蜕变 …………………………… 208

轻拂尘埃，焕发光彩 …………………………… 214

新手教师的融合之旅，且行且珍惜 …………………… 220

用爱治愈心灵 …………………………… 226

用心耕耘，方能静待花开 …………………………… 233

雅量慈心，赋教惠源 …………………………… 242

一块蛋糕 …………………………… 249

没有规矩不成方圆

——班级管理

班级管理：规则筑基，育德育行

深圳市福田区荔园小学（百花）　寇贝贝

在教书育人的天地里，班级管理是一首和谐优美的交响曲。它需要教师精准把握旋律，适时调整节奏，既要保证整体的协调统一，又要尊重个体的独特性。用公正公平的原则编织乐谱，用春风化雨般的关爱弹奏音符，让每个学生的个性得以充分舒展，潜能得以有效激发。

班级管理中的规则意识，犹如构建一座巍峨大厦的地基，深埋却至关重要。它是秩序的基石，是和谐的保障，是每一位学子内心深处应遵循的律动节拍。规则意识在班级管理中扮演着舵手的角色，它引导着学生们在知识的海洋中航行，明确前进的方向，避免迷失于无序与混乱的漩涡。就如同星辰指引航船，班级规则为学生们确立了行为规范的北极星，使得他们在探索世界、发展自我的过程中，始终能在有序与公正的环境中稳健前行。

将规则意识融入班级管理，就像是给生机勃发的森林植入了一种内在的生命法则，确保每一株树木既能自由伸展枝叶，又能在共享阳光雨露的同时，保持适度的距离，从而维护整个生态系统的平衡与和谐。让每一位学子在遵守规则的过程中，不仅学会了自我约束，也理解了如何尊重他人，更懂得了社会契约精神的重要性，从而在人生的舞台上更加从容自信地演绎精彩篇章。

【情境再现：案例回放】

作为一名班主任，我习惯将日常的教学管理工作比作是一场精心编排的舞台剧，而我则是导演，引导孩子们在这场剧中学会"规则筑基，育德育行"。

开学的第一天，我策划了一场别开生面的"规则寻宝游戏"。在教室的各个角落，藏着一些写有不同规则的"宝藏卡片"，如"准时到校""爱护公物""乐于助人"等。我告诉孩子们，每一项规则都是通往美德殿堂的钥匙，找到它们，并在生活中践行，就能解锁一份属于自己的荣誉勋章。

小勇是个活泼好动，但常常忽视规则的孩子。他率先找到了写着"尊重他人"的规则卡，却对此不以为然。某次课间，小勇随意打断别人的发言，引来大家的不满。我借此机会，引导全班一起回顾"尊重他人"的规则，通过角色扮演和情景模拟，让大家直观感受到尊重的力量。小勇在生动有趣的活动中深受触动，他主动向被他打断发言的同学道歉，并承诺以后会严守这一规则。

接下来的日子里，小勇的改变显而易见。他不仅注意自己的言行举止，还会提醒身边的朋友遵守规则，渐渐赢得了大家的赞赏和信任。而我也时常看见他在课余时间，捧着那张"尊重他人"的规则卡，若有所思。

其实，每个孩子都是一座等待发掘的宝藏，只要用恰当的方式引导他们理解并遵循规则，他们就能在实践中领悟到德育的魅力，从而在人生的道路上稳健前行。这场富有创意和趣味性的教育实践，无疑为我们的班级构筑起一座坚实的规则基石，也开启了孩子们德育养成的美好篇章。

【寻根溯源：案例分析】

建构主义学习理论强调学习是一个动态的、主观的、社会的和情境性的过程。建构主义者认为，学习者并非被动接受知识，而是通过与环境、他人以及学习材料的互动，主动建构其独特的认知结构。

巧用理论。在本案例中，我运用了建构主义学习理论，设计"规则寻宝游戏"，为学生搭建了一个实践探索、自主建构知识的平台。游戏过程中，学生不再是被动接受规则，而是主动寻找、理解并尝试实践各项规则，使规则教育更具生动性和趣味性，同时也符合建构主义所倡导的"情境性、探索性、互动性"学习原则。

案例中，小勇对规则表现出明显不在乎的态度，我巧妙利用角色扮演的方式，让学生小勇在亲身经历和观察中体验到"尊重他人"规则的重要性，引发了情感共鸣，有助于学生从内心深处认识到规则的价值，从而推动他们自愿地去遵循规则，而非仅出于外部压力。

当小勇因违反规则受到同学的不满并得到教师的引导后，他进行了自我反思，并通过修正行为获得了同伴的认可。这个过程体现了建构主义理论中的"自我调整学习"，即学生在反馈中不断调整自己的认知和行为，进一步完善对规则的理解和执行。

通过这场富有创意的游戏，我们成功实现了德育目标，学生在游戏中认识、理解并内化规则，形成了良好的规则意识，达到了"规则筑基，育德育行"的教育目的。

【出谋划策：解决方法】

（一）巧用情境教学理论，让教育真实发生

情境教学理论主张将抽象的规则和概念融入具体、生动、有趣的情境之中，让学习者通过亲身体验和情感共鸣来理解和内化知识。当孩子们对规则出现漠然的态度时，我通过一个模拟的情境——"规则寻宝游戏"，让学生在具体的场景中理解和实践规则，使抽象的规则变得具体可感。

此外，我还及时捕捉教育时机，把握教育的时效性。当小勇随意打断

别人发言，违反"尊重他人"的规则时，我及时停下来，引导全班一起回顾"尊重他人"的规则，通过角色扮演和情景模拟，让大家直观感受到尊重的力量。小勇也在这样的活动中改变了自己规则意识薄弱的状态，在日后的学习生活中逐步变成规则的守护者。

（二）巧用动机激发理论，让教育巧妙发生

单纯的强制执行规则往往只能达到短期效果，而要真正使学生从内心认同并自愿遵循规则，需要激发他们的内在动机。我通过以下几个步骤和设计要点来实现。

1. 内在动机激发

通过游戏的形式，让学生在趣味性的活动中自然接触和熟悉规则，而不是简单地背诵或听讲。游戏中的线索可能涉及规则的具体内容，解答谜题的过程就是对规则的学习和内化过程。

2. 自主选择与控制感

允许学生以团队或个体形式参与到游戏的不同环节，增加他们的决策权和控制感，让他们感觉到自己是游戏的主人而非被动参与者，这有助于激发他们的积极性。

3. 反馈与认可

设置即时和延迟的奖励系统，如找到"宝藏"后可以获得徽章、积分等奖励，用于兑换小礼品或者特权，这不仅能对学生的行为给予及时肯定，还能进一步强化他们遵守规则的行为意愿。

4. 竞争与合作

"规则寻宝游戏"可以包括团队竞赛的部分，鼓励学生之间的良性竞争与合作，提高他们共同解决问题的能力，同时也能激发他们为了团队荣誉而坚守规则的热情。

（三）巧用行为主义学习理论，让教育积极发生

在案例中，我通过给予学生及时反馈（例如赞扬、荣誉勋章等形

式），强化他们正确遵循规则的行为，以此促使其培养良好的行为习惯。

【指点迷津：教育思考】

班级管理犹如编织一幅细腻精美的锦绣画卷，它不仅要求教师具备敏锐的洞察力和细致入微的匠心，更是对智慧与恒心的磨砺与考验。在这个宏大的艺术创作过程中，教师不仅仅是技艺精湛的画师，更是悉心引导的园丁，播撒关爱的种子，耕耘每一片心灵的沃土。在该案例中，我采用了一种创新且有效的教学方法，基于建构主义学习理论，成功地将规则教育融入学生的日常生活中，对学生的品德和行为产生影响和教育。此次案例也引发了我以下几点值得反思的观点和启示。

（一）在班级管理中，要注重理论联系实际

案例中的"规则寻宝游戏"活动，将抽象的规则具象化，让学生在亲身参与和互动中体验规则的重要性，有力地体现了建构主义强调的"学习者通过与环境互动建构知识"的观点，使学生能够更好地理解和接纳规则，而非仅仅是机械记忆。

（二）情感教育与认知教育并重

通过对小勇的角色扮演和情感引导，我引导全体学生深切感受到了尊重他人规则的情感价值和社会价值，说明在德育教育中，情感教育与认知教育同等重要，相互促进。

（三）即时反馈与自我调整

当小勇违反规则并获得反馈后，他能迅速做出自我调整，这一过程彰显了建构主义理论中的"学习者需要通过反馈调整认知结构"的思想，帮助学生建立了自我评估、自我改进的能力。

（四）关注个性化与社会化融合

案例中的活动不仅关注个体的发展，也关注了学生之间的互动与协作，使规则教育不再局限于个人层面，而是上升到群体乃至社会层面，增

强了学生的社会责任感和集体归属感。

（五）持续性与长效性

通过这样一种生动有趣的方式，规则教育得以深入人心，对学生的影响具有长期性和稳定性，体现出教育活动应当追求的目标不仅是短期效果，更要着眼于长远的人格塑造和品德养成。

（六）家校共育

虽然我们的故事未详细描述家校合作的部分，但在实际班级管理中，家长的理解和支持对于规则意识的培养同样重要，需要通过家校联动，共同为孩子创设一致的教育环境。

作为一名教育工作者，我们应灵活运用先进的教育理念和方法，将枯燥的规则教育转变为一场寓教于乐的成长之旅，有力地促进学生的全面发展，为今后的教育教学提供宝贵的实践经验和借鉴思路。

浅谈当有温度的家校联络者
——班级管理策略之与家长沟通

深圳市福田区荔园外国语小学（深南） 张璇

与家长沟通是班级管理中非常重要的一环，有效的家校沟通可以促进学生的身心发展。家长与教师意见不合，是因为双方的立场不同，学会换位思考，及时有效沟通是解决问题的关键。没有调查就没有发言权，教师在面对家长时，要做到有理有据，不卑不亢。

【情境再现：案例回放】

从当教师那一刻起，骨子里的责任感油然而生。以前一直以为自己是很内向的人，自从当了班主任后，婆婆妈妈、唠唠叨叨、苦口婆心，天天"老妈子"似的还自得其乐。自从这件事后，我开始反思怎么才能成为一个有爱的"班主任"。

2019年夏季的一天，我像往常一样准备组织学生吃午餐，突然接到小佳妈妈的电话。小佳妈妈着急地说："星星老师，小佳跟我打电话，说她今天中午不在学校吃饭要回家吃，声音很小还哭了。我不知道是怎么回事，我先向您请个假，等她回来后我再问清楚。"挂完电话，我的心也

"咯噔"起来。

回到班级，我赶紧问同学们，上午最后一节课发生了什么事？我第三节课课间巡查时还一切安好，怎么小佳同学会感觉受了很大的委屈？"热心"的同学们七嘴八舌地告诉了我：原来，科学课上，陈老师发给每个小组几个正方体教具，要求小组成员按要求摆放。执行的过程中，小佳和康康两个同学因摆放的位置发生争执，小佳最后生气不参与小组活动，康康一时心急拍了小佳两下。我马上拨打陈老师的电话，向她进一步确认具体的情况。陈老师说她知道这件事情，课堂上及时处理了，康康承认了自己的错误并向小佳道歉了。我想着陈老师第一时间已经处理了，应该没什么问题了，等小佳返校，我再跟她好好谈谈。

还没等我吃完饭，小佳妈妈又打来了电话："星星老师，我家小佳回来到现在一直哭，还说胳膊疼。我一看，胳膊上被康康同学拍出了红印记。康康同学家长呢，我要找他们谈谈！怎么教育小孩的，怎么可以这么欺负人！呜呜……我家女儿从小娇生惯养，我们都没动过她一根手指头。呜呜……"听完后，我一时不知怎么安慰还在哭泣的母亲，心里也越来越紧张。没想到事情这么严重！我赶紧冷静下来，轻轻地对小佳妈妈说："小佳妈妈，小佳的身体要紧，我们先带她去医院做个详细的检查，您现在可以出发吗？我把这边的工作安排一下跟您一起带小佳去医院。"小佳妈妈说："去医院这件事我问过小佳了，她说她不去她想睡觉。""好的，那麻烦您多照顾一下小佳，她有什么情况及时告诉我。今天的事情您容我调查清楚再跟您汇报可以吗？"小佳妈妈愤愤地挂掉了电话。

接完电话，我立刻扒拉两口饭菜算是吃过午餐了，连忙跑到级组长桃李老师那里"取经"。我快速说完前因后果，桃李老师马上给出应对策略：找当事人康康及周围同学调查清楚事情的前因后果；多时段发信息询问小佳的情况；给出家长可行性的意见，比如，不去医院的话，多观察，如有肿胀用冰敷一下等，多发一些温暖和关心小佳身心的话语。

等我按照桃李老师的建议做好一切后，教导处突然打来电话："星星老师，你们班科学课上同学打架这件事你清楚吗？"打架？我一时语塞，这么严重吗？"科学老师说都处理好了，是同学间的一些小摩擦而已啊。"我赶紧向教导处把我调查的情况汇报上去。教导处反馈，家长已经投诉到学校领导，需要认真处理此事。看完午托，我还没来得及坐下休息，教导处又打来了电话："星星老师，小佳的爸爸已经在校门口了，你出去迎接一下，把事情的原委告诉他。也请科学老师一起参与。不要怕，是怎么样就怎样说。"

小佳的爸爸怒气冲冲地走进家长接待室，我和科学陈老师一起跟他讲清楚了事情的原委。小佳爸爸听完后，仍然不相信似的，一个劲地喊着："把你们领导找来！"没有办法，我们只能把小佳爸爸带进教导处好好谈。由于我下午还有课，就没有参与这场谈话。

回到班级，我看到小佳按时返回学校，把她请出教室轻轻地询问她的情况，并告诉她，康康同学行为不正确，老师批评教育了他也通知了他的家长，相信康康以后会控制好自己的情绪，希望小佳能原谅康康这次"鲁莽"的举动。小女孩很善良，虽然自己受了委屈，但还是表示愿意原谅康康。我立刻叫康康出来向小佳道歉，两个人表示还是好同桌。第二节课我打断了正常的学科教学，马上根据此事展开主题为"管理好情绪，与同学快乐相处"的主题班会。再次引导全班同学，重视情绪管理问题，找到适合自己的情绪管理方法，正确处理同学间的不和。

放学后，我陆续接到康康爸妈、小佳爸妈不太友好的电话，虽然把家长们牵扯进这件事情中可能会使小事闹大，但是，孩子们已经达成协议了，他们给了我面对一切的力量。我按照桃李老师的方法，后续几天，我都调好闹钟，时不时发信息或打电话给小佳妈妈，询问小佳的情况，叮嘱她这几天尽量不要做剧烈的运动，也不要提重物；如果遇到其他不舒服的地方，要及时告诉我，我随时可以陪着一起去医院……

过了几天，我收到小佳妈妈给我写的一封信，信里感谢我对小佳的关心。我看到信后，心里的大石头终于落地了。我越来越坚信真心的力量，面对家长，唯有真心而已！

【寻根溯源：案例分析】

家校沟通中，与家长建立积极、互信的关系是沟通成功的基础。教师要做到尊重家长的意见和关切，并表达对学生的关心和支持。案例中的小佳父母起初对班主任是不信任的，但通过班主任嘘寒问暖地关切孩子，他们心里的高墙渐渐轰塌，最后并没有为难班主任。

小佳父母态度的转变并不是班主任偶尔关切的举动打动了他们，而是班主任定期的沟通，平时注重及时分享小佳的学习进度、在校行为表现等其他重要信息，早已取得了家长的信任，最后才会大事化了。因此班主任在平常的班级管理中，需要定期安排家长会议或者个别家长会面，或及时分享学生的学习进展、行为表现和其他重要信息。此外，还可以通过邮件、电话、短信等途径保持跟家长的常规沟通。这些举措在关键时刻，会促使家长站在你的角度替你排忧解难。

小佳父母的做法并不是为难教师，立场不同，做法不同。班主任在处理看似在"为难"你的事情时，出发点一定要落实在处处为孩子着想的角度。家长为难教师，无非是想传递类似"我很重视孩子，教师请多关注我的孩子"的想法。教师不能只看到事情的表象，要想想家长这样做，到底是想要得到什么？事后，在与小佳父母的沟通中发现，争端发生的那段时间，小佳父母因为工作原因忽略了对小佳的关爱，小佳那段时间常由阿姨带着，缺少父母的关心。可能因为对孩子照顾的短暂缺失，又急于证明自己对孩子的爱，所以家长做法过了点。作为过来人，我很能理解小佳父母的难处；也感谢学校领导在我身后默默地支持我，做我坚强的后盾，让我直面困难，没有退缩。

【出谋划策：解决方法】

（一）清晰明确的信息传递是与家长沟通的第一要素

在沟通中，教师要清晰明确地传递信息，避免使用模糊或含糊不清的语言，以确保家长理解学校或班级的要求、政策和活动安排。

（二）倾听和尊重家长是与家长保持良好沟通的先决条件

在与家长沟通时，倾听他们的意见和关切，并尊重他们的角度和经验。交流中，教师只有展示出对家长的尊重和理解，才能与其建立良好的合作伙伴关系。

（三）及时回应家长需求是家校沟通的润滑剂

在家长提出问题或关切时，教师应及时回应并寻找解决方案。家长希望得到关注和及时的答复，对于他们的问题和困惑，教师要给予积极的回应。我建议稍微棘手一点的问题直接打电话沟通，一是教师思路不会被家长的信息打乱；二是从家长说话的语气中可以判断出事情的轻重缓急；三是面对家长的喋喋不休，教师也比较好脱身。

（四）多种沟通方式是信息时代教师的必修课

考虑到家长的个体差异，可以提供多种沟通方式，如面谈、电话、邮件、在线平台等，以方便家长与教师进行交流。

我通常的做法是，在班级QQ群中定期上传学生在校参加各项活动的照片。课间巡堂时，我也总是随身携带手机，及时记录下孩子们美好的身影。比如，课间安静活动的、做操认真的、读书姿势规范的等都拍下来。遇到学校的大型活动，先照集体照再照个人照，最后及时分享到QQ群相册。这样可以避免在微信群里刷屏，而且照片保存时间也持久。细心的家长会经常打开相册，把自己孩子相关的照片及时下载保存，集成成长小册子。

（五）合作共赢是与家长沟通的终极目标

将家长视为教育的合作伙伴，共同努力促进学生的发展。鼓励家长参与学校活动、志愿者工作或家长委员会等，增强合作关系。

（六）有效沟通是家长合作的基础

积极与家长进行有效沟通，可以增强家校合作，促进学生的学习和成长。首先，教师应与家长建立良好的合作伙伴关系，取得家长的认可和配合，更好地发挥教育合力的作用。其次，保持开放的心态，不固执己见，尊重家长的意见，培养更全面的思维方式。最后，建立有效的沟通技巧，充分发挥语言艺术的魅力。

【指点迷津：教育思考】

从与小佳父母沟通的这事里，我会感受到自己作为教育者的无助，会觉得明明我已经做了我该做的，为什么他们还是不理解我，非要把事情扩大化？时过境迁，当两年后我再次回望这件事，我想对当时的自己说："你做得很好，再勇敢点！"教育无小事，勇于担当，敢担当就很了不起。

每年的教师节，我总是写："再温暖点，再细致点，再努力点！"面对学生，我们的责任重大而深远，我们的一言一行都是他们模仿的对象，他们就像是我们在学校的一面面镜子，我们要俯下身子多观察他们的言行。一不留神，我们不好的言行就会被他们传到家长耳朵里。面对教育，我们要谨言慎行，如履薄冰；面对家长，我们要温柔而坚定，勇敢地向他们展示我们作为教育者的态度，不卑不亢，有理有据，家长看到我们的专业，自然不会太为难我们。

归根结底，我们与家长的沟通都是围绕孩子展开的，孩子在我们手上成长得更"优秀"，他们还有什么别的话说呢！

本手守初心，妙手筑童心

南方科技大学附属中学宝安学校　叶春燕

在班级管理的棋盘上，班主任既是深思熟虑的棋手，又是充满智慧的策略家。他们一手执爱，如同本手之稳固，为学生筑起温暖的避风港；一手运策，犹如妙手之灵动，为班级铺设通向卓越的捷径。本手之爱，是班主任们用心倾听、耐心引导的基石，它让每个学生感受到被尊重与关爱，从而在和谐融洽的氛围中茁壮成长。妙手之策，则是班主任们巧妙应对、灵活调整的利器，它帮助班级在复杂多变的环境中保持秩序，实现高效有序的管理。本手与妙手的协同作用，就如同棋局中的定式与变招，共同谱写着班级管理的精彩篇章。

【情境再现：案例回放】

记得刚参加工作时，我接了一个班级。听说这个班级的纪律涣散，难以管教，有几个顽皮的孩子，上课对教师的要求漠不关心、置若罔闻，行为放纵不羁，学习态度更是不端正，对学习毫无热情。在他们的影响下，班级的班风日益恶化，同学们没法好好学习，教师们也难以正常授课，因此导致班级成绩很不理想，一直处于低迷状态。在同事们的"听说"中，我"走马上任"了。面对如此棘手的情况，我耐心地向其他同学了解那几个顽皮同学的兴趣爱好，并虚心向有经验的教师请教管理方法。然而，事与愿违，想法千般好，到时全没用，尽管我想了很多办法，但实际效果却微乎其微。为了顺利上完一节课，我经常不得不在教室里先河东狮吼一番，起初，似乎也起到了一点点作用，可是慢慢地，我发现，这些学生的状态并没有得到改善，甚至对教师的严厉批评也无动于衷。

那是一个阳光明媚的午后，学校的上课铃声响起，学生们纷纷回到自己的座位上，准备开始上课。然而，就在这个本应安静自省的时刻，教室的一角却响起了几声窃窃私语。我抬头望去，只见几个平时就颇为调皮的学生正交头接耳，偶尔还伴随着几声高声喧哗。我微微皱眉，轻轻提醒了他们几次，希望他们能够自觉遵守课堂纪律。然而，他们似乎并没有把我的话放在心上，依然我行我素。我心中的怒火渐渐升腾，终于忍不住对着他们一顿咆哮，声音在教室里回荡。我生气地离开了教室，心中充满了失望和无奈。我站在走廊上，望着远处的天空，心中不禁涌起一股无力感。这群孩子，他们怎么就这么不懂事呢？我反复思考着，是不是自己的教育方法出了问题？我是不是真的像他们说的那样，没有点石成金的本领？我摇了摇头，心中充满了迷茫和困惑。然而，就在我准备放弃的时候，第二天走进教室的那一刻，我愣住了。黑板上赫然写着："叶老师，对不起，以后我们会养成良好的习惯，不会再让您为我们操心了，请您原谅我们！"那几个调皮的学生脸上也写满了诚挚的歉意。

那一瞬间，我仿佛被一股暖流包裹，心中的愤怒和失望瞬间化为乌有。这群孩子，他们或许曾经调皮捣蛋，但他们的内心是纯净的，是渴望被理解和接纳的。他们愿意为了改变而道歉，为了成长而努力，这份勇气和决心让我深感欣慰。

我对自己的班级管理方法进行了全面而深入的审视，事实上，尽管我认真努力，花心思地想把班级的纪律整顿好，也去了解了孩子们，但是没有采取实质性的、有效的班级管理方法来让孩子有法可依，因此我认识到我应该在班级建立完善的、学生们认可并且能够自觉遵守的班级管理规章制度，帮助孩子改正行为上的问题。

【寻根溯源：案例分析】

班级管理水平的高低，对于学生健康全面地发展，对于完成教育教学的各项任务起着举足轻重的作用。在班级管理工作中，不同的班主任，工作方法不同，但目标一致，就是要"管"好班、"理"好人。班级管理不能只靠孩子们的自觉，也不能只靠教师的口头约束，更需要各种管理机制。孩子之所以会对教师的批评逐渐麻痹，不以为意，是因为班级缺少完善的奖惩机制。

首先，缺乏明确的奖励机制，学生可能会失去努力学习和积极参与班级活动的动力，学生的不良行为可能得不到有效纠正，导致纪律松散、秩序混乱。班级没有统一的标准来评价和奖励遵守纪律的学生，可能会让学生感到不公平，影响班级氛围和同学关系。没有奖惩制度，导致教师在管理班级时遇到更多困难，无法有效引导学生的行为和学习。

其次，对孩子的教育不能只关注成绩，他们还应该学会做人做事，正直善良，勇于承担责任。班级里的孩子违反纪律，不仅只是他们个人行为的问题，也是孩子责任意识不强、道德标准不明晰的表现。缺少责任感的学生较少考虑他人的感受，很难关注班级的整体利益，认识不到自己的行为与班级纪律的紧密联系，更不可能主动维护班级的正常秩序，不利于培养学生的集体荣誉感。另外，学生缺乏责任感，就无法对自己的行为负责，缺乏自我管理能力，无法主动地规划自己的学习和生活，进而只能依赖他人的管束，限制学生的个人成长和综合素质的提升。

再次，我平时也犯了一个错误，总是只关注学生违反纪律的批评教育，而缺少在孩子有积极表现时给予肯定。过度关注负面行为，可能导致学生产生逆反心理，对批评教育产生抵触情绪，这种情绪反过来会进一步影响他们的行为表现。当他们觉得自己总是在被批评和指责时,他们可能会开始质疑批评的公正性和合理性。他们可能会认为教师对他们有偏见,或者觉得自己无论怎么做都无法达到教师的要求。此外,缺少夸奖的行为,会导致师生关系紧张,让学生觉得教师不关心他们,学生不愿意与教师沟通,变得更不愿意听从教师的管理,进而影响教育效果。缺少对学生积极表现的肯定甚至会导致学生行为问题的增加,因为得不到夸奖的学生可能会通过违反纪律等行为来寻求关注,或者因为情绪低落而表现出更多的行为问题。

最后,班级纪律不良还因为我家校沟通做得不够到位。平时仅关注学生纪律问题,没有及时了解学生在家庭环境中的情况。例如,家庭和学校在教育学生的方法和理念上可能存在差异,学校强调纪律和规则,而家庭环境中却存在一些纵容和放任的情况,这样就自然无法找出学生课堂纪律问题的根源。缺少沟通,学校和家庭不能协同合作,自然无法形成良好的教育合力,影响学生纪律的养成和教育效果。

【出谋划策:解决方法】

在十几年的班主任工作实践中,我觉得要抓好班级工作,一定要走活以下"两"步棋。

(一)用心用情是本手

1. 在"懂"上花心思

美国诗人谢尔·希尔弗斯坦的诗《总得有人去擦亮星星》中说:总得有人去擦亮星星,它们看起来灰蒙蒙……所以还是带上水桶和抹布,总得有人去擦亮星星。

每一个孩子都是一颗星星,而教师,就是那千万个擦亮星星的人。在每个班级里,优等生和后进生的数量其实只占一部分,班里更大一部分的孩子,是看起来普普通通的中等生。如何让普通生变得不再普通?如何擦亮每一颗星星？我思索着，也开始了一系列行动。

虽然纪律差的学生也很渴望得到教师的关爱，但由于经常犯错等原因，特别是经常被批评而导致内心或多或少地隐藏着一种自卑感，这使他们很少会主动靠近教师。既然山不过来，那么我就过去！利用早操时间、课间偶遇、到办公室送作业、午休饭后、面批作业时、放学前夕等一切契机，我会主动靠近那些纪律不好的学生，跟这个聊聊家常，问问那个的生活近况。

我：今天的作业怎么是你送过来的呀？

小宇：然然上厕所了，让我帮忙送。

我：你真乐于帮助同学，随手就把好事做了！

小宇：（脸上漾起笑意，但没有说话）。

我：总能看到你帮助同学，你真是暖心小天使。

小宇：我也没做什么。

我：哈哈，你既善良又谦虚！小宇就像一朵谦逊又美丽的小兰花，我喜欢！

小宇：（羞涩地笑了起来。）

像这样很随性的对话，现在在我和那些纪律不良的孩子之间，几乎每天都在进行着，每次对话之后，我都会在学生名册上悄悄记录下对话的日期，以这种方式提醒自己：有些孩子，更需要多用心，更需要被偏爱。

这样的对话，完全与学习无关，并不带什么功利心，我只是想靠近他们、温暖他们、感染他们，让他们感觉到，教师一样很在意他们，也一直关注着他们。我相信，只要我心怀真诚、平等、耐心，定会让班级这片星空熠熠生辉。

2. 在"情"上倾心血

在学习中，纪律不良的孩子总是忍不住会犯大大小小的错。这时，他们的安全感就会严重缺失。首先我们要鼓励学生敢于承认错误，在教师这里，知错能改就可以原谅，可以有改正的机会，给学生免于恐惧的充分的安全感后，帮助孩子分析原因，然后帮助他制定个性化的改正对策。这个过程中，孩子会逐渐意识到犯错是不可怕的，关键要勇于去改变。与孩子沟通时，要时刻注意共情，才能与孩子进行有效沟通。

班里的小轩是一个调皮捣蛋的学生，经常在课堂上违反纪律。有一次，他又在课堂上与同学讲话，影响了其他同学的学习。我发现后，并没有立刻批评他，而是在课后将他叫到了办公室。

我先是关心小轩最近的生活和学习情况，然后耐心地听他讲述自己违反纪律的原因。原来，小轩的父母最近在闹离婚，他心情很不好，不知道该怎么办，正在和同学诉苦。我感受到了他内心的痛苦，轻轻地拍了拍小轩的肩膀，告诉他父母的事情不是他的错，而他在这个时候更应该努力学习，让自己变得更优秀。我还分享了自己类似的经历，并告诉小轩该如何走出困境。从那以后，小轩真的改变了，他在课堂上变得安静专注，学习成绩也有了明显的提高。

在这次交谈中，我没有简单地批评学生，而是通过情感沟通，理解学生的处境，用自己的经历和关心打动了学生。这种情的力量有时比单纯的批评和惩罚更能影响学生的行为和态度。

（二）亦师亦友为妙手

1. 在"赏"上做文章

班级管理需要各种管理机制，其中奖惩机制是非常重要的一环。班主任需要制定一系列的奖惩条例来规范、约束学生的行为，鼓励、倡导学生的优良品行，以达到鞭策和激励的教育效果。如何制定出行之有效的奖惩制度，是我在日常工作中一直在研究和实践的一个问题。

这学期我所在的班级管理中，奖惩机制的积分表可以涵盖所有学生表现：比如课堂主动发言1次1积分、课堂出色纪律把控1积分、每次全对的作业都能兑换1个积分等，涵盖面广，让每个学生都有机会获得积分。每学期的积分奖励机制都会有变化，如在习惯培养初期进行区别性奖励，使用积分，后期慢慢撤销，因为用奖励巩固的时期已经完成，学生习惯成自然，则奖励无区分度不再使用。

积分兑换内容大多为精神特权，兑换内容可以向学生征集，获得学生理想奖励列表。教师根据列表内容，进行可行性判断，删改确定奖励内容，并根据奖励内容的质量和实施难度进行积分兑换值划分，整理出兑换列表。

对于学习成绩以及习惯与班级平均水平有明显差异的学生，需要分层设立奖惩制度。比如对于上课容易开小差、把玩文具、听讲效率低的学生，我们需要目标前置，告知学生通过何种具体行为可以获得积分，如一节课不把玩文具，若成功则给予积分，步步推进，慢慢设置不同的学习习惯改良目标，直到与平均无异。又如对于有阅读障碍、拼写困难的孩子，可以简化其默写要求，如普通学生需要背记单词词组句子，这位学生则只需要完成单词背记，获得全对，即可获取1积分。

2. 在"夸"上下功夫

英国文艺复兴时期散文家、哲学家培根说："欣赏者心中有朝霞、露珠和常年盛开的花朵，漠视者冰结心城，四海枯竭，丛山荒芜。"拥有一双发现美好的眼睛，一颗敢于表达爱意的心，在同伴之间传递正能量，让别人快乐，自己会得到双倍的快乐。你怎么对待这个世界，世界就会怎样回馈你。

班级推出了"夸夸卡"，我希望他们能通过"夸夸卡"，学会感恩，去发现身边的美好，哪怕那些在教师眼里经常犯错被批评的孩子，也能收到来自同学的各方面夸奖，让他们感受到我们这个集体这么温暖美好。一张张"夸夸卡"，送去了肯定，送去了鼓励，送去了希望。孩子们从这些"夸夸卡"中看到了自己的优点，学到了别人的长处，班级渐渐形成了真诚善良、团结友爱、积极向上的优良班风！

【指点迷津：教育思考】

班级管理犹如对弈，班主任要想把班级管理得有条不紊，必须将关爱之心融入教学与育人的每个环节，全心全意、脚踏实地地施展出扎实的本手。在这个过程中，班主任需要像棋手一样，深思熟虑，步步为营。要了解每个学生的特点和需求，关注他们的成长和发展，用爱心去引导和教育学生。这种关爱不仅体现在课堂教学中，更体现在日常生活中对学生的关心和照顾上。

同时，班主任还需要有足够的耐心和细心，像下棋时谨慎布局一样，认真对待班级管理中的每一个细节。要制定合理的规章制度，营造良好的学习氛围，组织丰富多彩的活动，让学生在一个积极向上的环境中学习和成长。

在学生管理中，也要对不同的学生采用有针对性的方式方法，巧妙地借助各种资源和力量，如家长的支持、学校的资源等，并随着时代的发展和学生需求的变化，持续不断地学习和创新管理方法，与学生建立起亦师亦友的良好关系，用妙手盘活学生管理这盘"棋"。

我相信如此用心用情，亦师亦友的班主任必定在班级管理中本手做实妙手来。

低年级班干部的综合选拔模式探讨

深圳市福田区荔园小学（百花） 陈翠

俗话说，"火车跑得快，全靠车头带"，如果将一个班级比喻成一列火车，那班干部就相当于这列火车上的车头，对整个班级的管理起着非常重要的作用。

然而，班干部选拔，尤其是低年级班干部的选拔，需要考虑方方面面：一方面，科任教师想要机灵、负责任的学生来当小助手，提升班级管理的效率；另一方面，大部分低年级学生都有着亲近教师、帮助班级同学的愿望和荣誉感，多数家长也希望自己的孩子能在班级得到锻炼的机会。因此，班干部的选拔，如何兼具公平与效率，既有效减轻教师们的负担，保证班级形成良性运转，又保护学生的积极性，促进学生的个性发展，同时满足家长对班级公平选拔的意愿，尤为重要。

【情境再现：案例回放】

周一一大早，小东就来办公室找我，表情似乎还有点不安。看得出，小东对即将要说的事情有点犹豫，几番挣扎后终于告诉我：他觉得班长小涵做事很不认真，不会主动收作业，课间还总是和其他同学一起追逐打闹，经常上课了都迟迟不回教室，他觉得这样不好。说完，小东还一脸忐忐,问我这样是不是打小报告。看到我摇了摇头,小东好像多了点信心,又问:"如果小涵不当班长了,能让我试试吗?妈妈说让我问问您。"

我赶紧安抚小东,告诉他:"首先,小涵不是班长,我们才刚开学不久,没有固定的班干部,小涵是帮老师发过几次作业的小助手;其次,如果发现同学有做得不对的地方,可以及时向老师汇报,这不是打小报告,而是请老师帮忙纠正同学的坏习惯,当然,如果你能一起劝告她就更好了;最后,我很高兴你能有为班级服务的热情,也欣赏你毛遂自荐的勇气,我们班级需要很多像你这样的小朋友,老师到时一定会请你帮忙的。"

听完我的话,小东像吃了一颗定心丸,高兴地哼着歌回去了。我目送他的背影离去,心想,小东是班里普通孩子的一面镜子,和大多数低年级孩子一样有关心班级的热情,应该珍惜和保护孩子的这种积极性,是时候启用班干部管理机制了。但,怎么选拔班干部合适呢?如果由班主任或科任教师来指定,班级运转会更有效率,但可能会使大部分孩子失去独立锻炼的机会,相对会牺牲公平性;如果单纯由学生自行推荐选举,虽然体现了公平性,但不能保证选出来的学生能胜任相应岗位,也许要牺牲一些效率,班级也可能会长时间陷入混乱;如果基于公平性让每个孩子轮流担任班干部,一样会存在管理混乱、效率低下的问题。

能不能将以上方式结合一下,采用综合选拔的模式呢?对于难度不大的岗位,如开关窗户、电灯、风扇、电脑、带领班级队伍放学等,可以设定相应管理员,让全班学生轮流担任,保证全员参与的热情;对于有一定难度但通过训练可以较好完成的岗位,如小组长、课代表等,可以设立投票选拔的机制,让感兴趣的学生参与自荐选拔,定期更换;对于面对突发状况,需要灵活应对的岗位,如班长、副班长,可以由学生自荐选拔试用,班主任及科任教师综合评审考核决定是否留用,定期再更换。这样综合选拔的方式,可以保证班级正常运转,学生有能力应对突发状况;也能很好地协调班级公平性,保证班级人人有事干、事事有人干。需要注意的是，在各项竞选开始之前，班主任要将相应岗位分工职责告知家长，方便学生提前准备，更好地实现班级管理的公开、透明；班干部"上岗"后，班主任要定期组织召开班干部会议，总结班级管理中的问题，让小班干部们出谋划策、互帮互助，教师适时点拨，这样既能解决问题，又能锻炼学生的自主性。

说干就干，照着这个思路，结合班级的具体情况，我很快完成了班级的班干部选拔。度过最开始的适应期之后，班级管理很快进入了正轨，每个孩子都兴致勃勃地准备迎接自己的"班干部日"；科任教师也找到了得心应手的小助手；如果班主任有事外出，将重要事情交代给机灵的小班长们和相应的班干部，叮嘱好当天轮值的小班干部，就可以没有后顾之忧。家长们纷纷反馈，这样的方式很好地激发了孩子的积极性，让孩子的能力得到了多方面的锻炼，也有了学习的榜样和进步的目标，他们都非常喜欢。有了家长的支持，我们的班级管理更是如鱼得水，班级屡屡在各项评比中获得优异成绩。

【寻根溯源：案例分析】

综合选拔与任用模式的尝试，源自对现有单一选拔系统的反思与前沿教育理论的融合运用。其中，多元智能理论为我们提供了一个全面评价学生潜力的理论基础。根据霍华德·加德纳的多元智能理论，每个人都拥有不同类型的智能，如语言智能、逻辑数学智能、空间智能等。综合选拔模式的理论基础正是多元智能理论。这种选拔模式不再局限于传统的某个单一印象，而是将学生的多种智能进行全面评价，以此来选拔适合担任干部职务的学生。通过综合选拔，我们能够更好地发掘学生的潜能，让每个学生都有机会展现自己在不同领域的优势，从而实现个性化的选拔和发展。

在综合选拔的模式里，我坚持全员参与的核心理念，在推进过程中，强调公平原则的细致贯彻，特别是在实施细节上的深化。一方面，我结合班级情况，设立分工明确、难易程度不等的班干部岗位，制定公正、清晰的评选或轮值标准，确保每位学生在班干部选拔过程中都得到公平参与的机会。另一方面，我采取多样化的评价方式，如结合同伴评价、自我评价、教师评价与家长反馈，构建起一个多维度的评价体系，这样不仅能够全面评估学生的各方面能力，而且能够使评价结果更为客观和公正。

综合选拔模式实施过程中，部分学生在担任管理岗位时会面临一定的困难和挑战，为此，我定期组织召开班干部会议（通常两周一次），将问题集中反馈，利用学生自身不同的智能类型和经验积累来解决问题，此外，还引导学生积极向教师或家长寻求支持，建立了较为完善的管理机制和支持体系，确保班级管理高效运转。

班干部综合选拔模式的成效显现在班级管理的许多方面。首先，综合模式通过多维度的评价体系，让学生的多元智能得到了充分的认可和发挥，这不仅提高了学生的自我价值感，还激发了他们参与班级管理的热情，实现了"班级的事情大家管"的局面，大家团结协作，班风自然越来越好；其次，这种综合选拔与任用的模式突破了传统以某个单一印象为评价标准的局限，更全面地评价学生的综合素质，学生的各方面能力在班干部管理过程中得到有效锻炼与提高；最后，综合模式中的多元评价和参与过程，培养了学生的民主意识和责任感，这些都是未来社会公民所需要具备的重要素质。

【出谋划策：解决方法】

在综合选拔模式实施的具体操作流程上，我设计了多个环节，包括岗位轮值排表、自我推荐、投票选举、教师评审、家长反馈等，每个环节都有其独特的功能和作用。例如，自我推荐环节能够激励学生积极参与并展现自我，同时增强学生的自主意识和责任感。投票选举则属于同伴评价环节，能够反映学生在集体中的形象与人际关系。教师评审环节则侧重于从专业角度评价学生的领导潜能和组织管理能力。家长反馈环节则是对选拔过程进行监督和评价，保证整个流程的透明性和公正性。

在综合选拔模式实施过程中，必须重视几个关键性因素，才能保证该模式顺畅运行并达到预期效果。

首先，对于评价标准的明确与细化是实施过程中的首要任务。每一项评价标准要从不同角度反映学生的能力和潜质，最好要有明确的等级或分数帮助分析。我的具体做法是，将每个班干部的职责分为几个方面，每达成一个方面的要求可获得一颗星评价。例如，作为课代表，应当做到认真听讲、积极回答问题，每天提前到班组织学生收齐作业，课间主动分发批改好的作业；作为劳动委员，要掌握基本的劳动技能，如扫地、拖地、清洗抹布等，督促、指导、帮助值日学生及时完成打扫任务，并主动向班主任反馈当天值日情况；等等。此外，选拔过程的透明化也是关键因素之一，评选过程中的每一项评分、每一次会议讨论我都保存下来，做好公开的准备，以消除可能存在的疑虑和不信任。

其次，模式实施也要注重过程中参与者的培训与指导。对于教师而言，他们需要了解综合选拔模式的理念和操作流程，掌握公正评价的方法。对于学生，要引导他们进行自我推荐和同伴评价，以及根据评价结果进行自我提升。整个选拔流程和评价标准都应向家长公开，这样他们才能够更好地理解和支持学校的教育决策。

再次，不能忽视对于综合选拔模式的持续优化与反馈机制。实施过程中应当定期收集各方的反馈意见，进行适当调整和改进，以确保选拔出的班干部能够真正合适并发挥作用。通过这些关键因素的精心把握与执行，综合选拔模式将能够在实践中展现其独特的价值与优势，为低年级班干部的选拔工作提供有力的支持。

最后，在综合选拔模式中，班干部的角色转换是一项新的尝试，旨在保证每位学生都有机会参与到班级管理中来，同时也为班级注入新鲜的活力。我把角色转换的周期设定为一学期，每个新学期开始时开展一次新的班干部选拔。这个过程中，我非常重视对原有班干部的表彰和鼓励，这样不仅能够肯定他们的付出和成绩，也能够激励其他学生积极参与到班级工作中来。此外，我对于新上任的班干部，也进行了必要的培训和指导，以帮助他们快速适应新角色，发挥领导潜能。这样一来，角色转换不仅成为一种管理策略，更是一种教育方法，通过实践学习，让学生体会合作、责任和服务的意义。

【指点迷津：教育思考】

对低年级班干部管理，我总结了以下几点启示。

首先，综合模式强调的多元评价可以更好地促进低年级学生潜能的挖掘和能力的提升。在低年级阶段，学生的个性和兴趣尚在形成和探索之中，因此，提供一个多元化的选拔平台，帮助他们更好地认识自己，发现自己的特长，进而培养他们对学习的兴趣、对班级的热爱和对学校生活的关注。

对于低年级班干部管理而言，综合模式的实践启示我们，在选拔过程中要注重培养学生的自主性和创新精神。选拔机制不应仅仅是一个简单的选拔过程，而应该成为一个教育过程，一个让学生学会自我管理、自我提升的过程。通过这种实践，我们可以培养学生的独立思考能力和解决问题的能力，这些能力对学生的未来发展至关重要。

总体来说，综合模式为低年级班干部的选拔与任用提供了新的思路和方法，它不仅能够提高班级管理的效率和公平性，而且能促进学生多方面的能力提升，增进学生之间的相互理解和尊重，从而营造出更加和谐的班级氛围。相信经过不断研究，我们可以进一步完善和优化低年级班干部的选拔工作，为构建更加完善的班干部管理体系贡献力量。

参考文献

[1] 吴爱燕. 加强民主管理，创新班级治理结构：班干部选拔及培养模式的探讨与创新[J]. 学周刊，2014（13）：7.

[2] 唐乾友. 略谈农村小学班队"干部"的选拔与培养技巧[J]. 中国科技经济新闻数据库教育，2016（7）：332.

[3] 马兰花. 自主管理是人生的宝贵财富：浅谈班干部的选拔、培养和使用[J]. 学周刊，2012（30）：84.

浸润式批评教育：会共情，促生长

深圳市福田区荔园小学（玮鹏） 薛怡

教育的海洋中，班级管理如同航行中的舵手，既要把握方向，又要处理风浪。其中，语言艺术作为舵手的重要工具，既要合适，又要精准。如何利用有效的语言艺术进行班级管理？教师需明确"表扬"与"批评"相辅相成，是共同引导学生健康成长的重要工具。批评正如车辆的刹车机制，旨在及时纠正学生的不当行为，但要发挥其积极作用，关键在于运用得当。

本文以一次五年级学生的青春期情感启蒙事件为例，探讨了教师在实施批评教育时所遵循的原则、策略及其对学生健康成长的影响。通过对批评的精准把握和灵活运用，展示了如何在一次"浸润式"的批评教育中将负面行为转化为积极教育契机的过程。

【情境再现：案例回放】

两年前，我所带的学生正读五年级。11岁的学生，开始有青春的萌动，比如会互相评头论足，会说欣赏谁、喜欢谁等。

那天，阳光透过五年级教室的窗户，斑驳地洒在整齐的桌椅上。然而，这一天的阳光似乎并不温暖，而是带有一丝难以名状的紧张与不安。

原来，在教室的某个窗户上，出现了一幅与平常景象极不相称的涂鸦——两个英文字母"XY"和一颗大大的爱心，被潦草地画在玻璃上。

学生们纷纷聚拢过来，好奇地围观这一突如其来的"杰作"。有的人窃窃私语，猜测这是谁干的恶作剧；有的人则掩嘴而笑，仿佛觉得这是一个有趣的游戏。

早读课时，我走进了教室，在教室里扫了一圈后，我的目光最后落在了那扇涂鸦的窗户上。

"这是谁干的？"我的声音中带着一丝严厉。

教室里顿时鸦雀无声，没有人敢回答。

"我知道你们中间有人知道这件事的真相，我希望你们能诚实地告诉我。"我再次强调。

然而，依旧没有人说话。学生们都低着头，生怕被我点名。

于是，在早读课时，我面向全班做了一次批评。批评了三个绝对性的错误，一是在班级窗户乱图画的行为，二是不坦诚承认错误的行为，三是包庇同学错误的行为。除此以外，我再次强调了小学生的行为准则、品德修养，并告知他们我会去调查走廊监控；同时也给犯错误的同学一个自我改正的机会。

在第一节课结束后，就有相关的同学来找我坦白。乱涂画的是篮球队的L，趁大家出早操的时间，他做了这件错事。而同样作为篮球队的Y，因为担心朋友被骂，所以选择了包庇。而整整一个早上，那个乱涂画的男生还是没有主动来找我承认错误。对此，我仍然按兵不动，既然截止时间是下午两点，那就给足他思考的时间。正是这样，才能让这位同学有蜕变的可能。

到了下午两点半，L来了。看着他为难的表情，我只是轻描淡写地开场：晚了三十分钟，但你来了，这份勇敢值得肯定。随后，经过谈心，我既表达了对他的失望，也表达了对他的期待，真正触动了他的心灵，使其落泪悔改。

【寻根溯源：案例分析】

《教师的语言力》中强调批评的重要定义。第一，批评就像刹车一样，有效的批评能够减少学生的错误行为。同时，掌握正确的批评语言，才能帮助学生健康地成长。第二，批评需要谨慎，需要把握度。在批评学生之前，首先要对自己的情绪做冷处理。不把批评学生当作是宣泄情绪的出口，这样才有利于语言的沟通。如果批评不当，容易给学生的内心带来伤害，并且影响师生关系。第三，批评要注意三个判断，是立刻还是要等待；是针对个人还是针对集体；同时注意批评的程度。第四，批评是让学生意识到教师的父性特质，如果原本父性特质就比较强的教师，只要适度即可，避免塑造过于严厉的形象。

案例中，教师面向全班采用"直接否定"的方法，做了一次批评。批评了三个绝对性的错误，直接否定的是行为，而不是行为背后的想法。因为事出必有因，如果只是把批评结束在行为上，点到即止，这件摆正价值观、情感观的事就会不了了之。

除了直接否定，教师还采用了"说教和警告"，面向全班，再次强调了小学生的行为准则、品德修养。比如，遵守道德、维护公物的义务；警告逃避责任或者包庇了同学的学生，告知他们会去调查走廊监控；同时也给犯错误的同学一个自我改正的机会，限定下午两点钟之前，如果自己能来承认错误，那么这件事就可以从轻处理。

除了对表面错误行为的批评以外，教师还进一步做了"过度矫正"。面对全班，借"乱涂画"的现象顺势发挥，找到契机引导青春期的纯真感情。一方面，是针对被恶作剧的同学，首先说明：优秀的人被欣赏是值得肯定的事情，因为自己优秀才能获得别人的喜欢，可以阳光、坦诚地面对。另一方面，是针对做恶作剧的同学，不应该把一件美好的事情变成八卦的谈资，这不是君子所为。再次联系窗户玻璃上的"乱涂画"现象，重申"承认错误"的警告。而面对包庇者，教师也首先肯定了他的勇敢和真诚，并希望他引起重视：怎样的友情才是最好的？给学生留下成长的思考，让他学会判断，形成良好的价值观。

整起事件看似是一件乱涂画的小事，背后却是价值观形成的大事。在事情处理结束后，教师还给全班布置了一次作文，希望人人自省、及时反思，正确地对待情感，友善地与人交往。在这样的批评教育之下，孩子们才真正听进去、做得对。

【出谋划策：解决方法】

（一）直接否定与明确态度

面对学生的错误行为，教师首先应采取直接否定与明确态度的策略。如乱涂乱画、不诚实承认错误、包庇他人错误等严重违反校规校纪的行为，是绝对错误的。这种直接而明确的态度，能让学生清晰地认识到这些行为的错误性，迅速划定了行为界限。

（二）说教与警告相结合

在否定不当行为的基础上，教师应根据实际情况开展说教批评，强调学生应当遵守的基本道德规范和公德心的重要性。例如，当学生破坏公物时，教师应该进行提醒，通过说教等批评手段，提醒学生"作为社会的一员，维护公共环境的整洁与美观是每个人的责任"。这种说教与警告相结合的方式，既让学生认识到错误的严重性，也给了他们改正的机会。

（三）过度矫正与情感引导

针对青春期学生的情感特点，教师在日常批评教育中还可以巧妙采用过度矫正与情感引导的策略。如将事件转化为教育契机，引导学生们正确理解青春期的纯真情感。通过情感引导，让学生们学会尊重和理解他人，正确表达情感。

（四）鼓励主动承认与正面肯定

批评教育还应与表扬相辅相成，面对部分学生主动承认错误的行为，教师应该给予正面的肯定和鼓励。例如，赞扬主动承认错误学生的勇气和诚实，并引导他们深入思考何为真正的友情。这种鼓励与肯定的做法，不仅让学生感到被理解和尊重，也能激发他们改正错误的积极性。

（五）深度交谈与心灵触动

对于较长时间未主动认错的学生，教师还可以选择耐心等待和深度交谈的方式。如利用课余时间与学生进行一对一的交谈，深入了解他们的想法和感受，用理解和关怀的态度触动学生的心灵深处。通过深度交谈，教师让学生深感愧疚和懊悔，也让他们更加坚定了改正错误的决心。

（六）全班反思与作文深化

根据事件轻重缓急，教师可选择性在全班范围内组织反思活动。如布置反思作文，让学生们结合自己的经历和思考，写出对这次事件的看法和感受。通过写作，学生们进一步梳理了自己的思路，提高了自己的情感态度及人际交往能力。这种全班反思和作文深化的方式，不仅让每个学生都参与到解决问题的过程中，也让他们在反思中成长和进步。

【指点迷津：教育思考】

这起涂鸦事件，看似只是学生间的一次恶作剧，实则深层次地反映了学生在青春期情感启蒙阶段的迷茫与探索。青春期是一个充满变化和挑战的时期，学生的身体和心理都在经历着巨大的变化。他们开始意识到自我与他人的差异，对异性和情感产生了好奇和兴趣。然而，由于缺乏足够的生活经验和情感处理能力，他们往往无法正确地表达自己的情感和需求，甚至可能采取一些不恰当的行为。

从德育的角度来看，这起事件反映了学生在道德认知和行为规范上的不足。德育的核心是培养学生的道德品质和社会责任感，而良好的行为习惯和道德规范则是德育的重要组成部分。在这起事件中，学生的行为显然违背了公共秩序和道德规范，他们随意涂鸦、破坏公物，不仅损害了班级和学校的形象，也损害了其他同学的利益。因此，教师需要通过批评教育来引导学生认识到自己的错误，并帮助他们树立正确的道德观念和行为规范。

从儿童心理学的角度来看，这起事件也揭示了学生在情感发展和人际交往方面的困惑。青春期的学生情感丰富而复杂，他们渴望得到他人的认可和关注，但又往往缺乏处理复杂情感的能力。涂鸦行为可能是他们试图表达自己情感和需求的一种方式，但由于缺乏足够的判断力和自控力，他们选择了错误的方式。因此，教师需要深入了解学生的心理需求，引导他们正确表达自己的情感和需求，帮助他们建立健康的人际关系和情感表达方式。

综上所述，这起涂鸦事件不仅仅是学生的一次恶作剧行为，更是学生在青春期情感启蒙阶段迷茫与探索的体现。因此，教师的批评教育不仅要针对行为本身进行纠正和规范，更要深入行为背后的情感动机和价值观引导上。具体而言，教师可以通过与学生进行深入交流，了解他们的真实想法和感受；通过引导学生反思自己的行为，帮助他们认识到错误并寻找正确的解决方法；通过组织相关的德育活动和情感教育课程，提升学生的道德认知和情感处理能力。

在处理这起事件时，教师还需要注意保护学生的隐私和自尊心，避免在公开场合过度批评或指责学生。同时，教师也要关注学生的心理变化，及时给予关心和支持，帮助他们走出困境并健康成长。

通过这样的批评教育方式，教师不仅能够纠正学生的不当行为，更能够引导他们在青春期情感启蒙阶段树立正确的价值观和行为规范，为他们的全面发展奠定坚实的基础。

良好的班风，道德成长的沃土

深圳市布吉街道可园学校　龚欢

"蓬生麻中，不扶而直；白沙在涅，与之俱黑。"学校和班级的人文环境对孩子的思想成长影响很大，什么样的环境就会熏陶出什么样的孩子。小学阶段，孩子随着年龄的增长和阅历的增加，慢慢对社会和他人有了自己的看法。在孩子的态度、价值观的形成过程中，良好的班风尤为重要。

良好的班风犹如一片沃土，孩子的善良、真诚等良好的品德在这片沃土生根发芽；不好的班风会混乱优秀的孩子原本的价值观，扭曲其态度。班主任是班级班风的掌舵人，理应建设良好的班风，激励学生积极阳光，充满正能量，促进学生端正的态度和良好价值观的形成。

【情境再现：案例回放】

休完产假回来，我被安排到了一个暂缺班主任的班级。因为特殊情况，这个班级已经连续换了好几任班主任。在开学的第一周，我和往常一样，批改作业后，在第二天的课堂上对完成优秀作业的同学进行表扬。但是令我跌破眼镜的一幕出现了。当我读出优秀同学的名字时，班里传来一片唏嘘声。我很奇怪，以为这几位同学是否有点不良习惯等让同学们不喜欢，所以才会在被表扬的时候不受认可。但是实际情况不是这样的，这几位孩子的各方面表现都是很优秀的。那为什么同学们会唏嘘一片呢？我明白了，是班风出现了问题。他们不再崇尚优秀，而是有意贬低优秀的人。而优秀的同学好像受到了什么刺激，觉得优秀是一种见不得人的事情，这个班级孩子的价值观已经有扭曲的倾向了！

果然不出我所料，一开始那批唏嘘优秀同学的学生对我还处于试探的阶段。当后来他们发现我没有采取什么措施以后，更加猖狂了，他们尝试在课堂上和教师顶嘴，发出怪叫，甚至尝试用顽皮不雅的语言来接教师的话。更加令我诧异的是，其他同学没有觉得这样是不尊重教师的可耻行为，而是一种英雄行为。猖狂的那位同学更加骄傲了，笑嘻嘻地在座位"葛优躺"。

在乌鸦的世界里，天鹅的白也是一种错。在这个班里，优秀好似是一种错误，顶撞教师是一种英雄行为。好的行为成了被唏嘘的对象，多么令人心痛啊！我暗下决心，需要改变这个班的班风，否则，任何教育思想都难以落地。

【寻根溯源：案例分析】

内外因素导致这个班的班风出现了问题。首先，班主任换的次数比较多，班级没有一个稳定的核心精神"领袖"带领前行。每位教师都在刚熟悉孩子没有多久的时候离开、换任，班级没有一个稳定的精神支撑和指引，给了调皮的孩子肆意的空间。其次，孩子内部的相处也出现问题，优秀内敛的孩子被调皮肆意、性格外向的孩子抢了"风头"。另外，家长不知道孩子的在校情况，或者缺乏一个持续的沟通。相信家长也不愿意看到孩子在学校没有好好学习，而是有这样的习惯。

孩子们每一个思想火光的出现，就像是落地的一个小幼芽，一旦得到了春风雨露和阳光，便可落地继续成长。孩子们之间的思想也是会互相熏陶的。只是，如果这个思想火花含有不正确的态度和价值导向，便需要及时地抹去，将其遏止在萌芽中，否则便会成为班级班风不正的潜在因素，早晚会闹出事端。

【出谋划策：解决方法】

（一）利用班会课，明确是非

班会课可以是大主题班会课，制作较长的PPT，利用一节课的时间，来解决一件事；也可以是微班会课，在课前利用几分钟的时间师生一起讨论一个问题。例如，我针对案例中出现的问题，专门召开了主题班会，主题便是"崇尚正能量"。当优秀的孩子上台领奖时，虽然有部分调皮的孩子在唏嘘，但是我相信仍然有一批孩子是羡慕的，只是内心有些犹豫，他们不知道是应该跟着其他同学一起唏嘘，还是应该报以掌声。我也相信，跟着唏嘘的同学里面也有一部分孩子是跟着别人说的，那样做并不是他们的本意。

挣扎的他们需要有一个思想成熟的人为他们的想法"正名"。在主题班会课上，我明确地告诉他们："习近平总书记曾说，一个民族不能没有英雄。那么，一个班级不能没有榜样。榜样就是优秀的，就是值得肯定的，所有诋毁优秀的行为都是可耻的！"这样掷地有声的发声让他们清晰地明白教师的立场和态度。随之而来，那批犹豫的孩子选择了追随我。而那些放肆的孩子因为没有了同学们的喝彩，也停止了自己的行为。

（二）家校携手，态度统一

"单丝不成线，独木不成林。"我深知我的教育需要家长们的协助和配合，我需要赢得他们的认可。因为家庭和学校都是孩子态度、价值观养成的重要场所，并且孩子和家长相处的时间比在学校的时间还要长。在教育孩子的这条路上，家长和教师是战友的关系。在家长会上，我向家长表明了态度。我建议家长避免护短，当教师指出孩子的缺点时，如果真的存在，家长不要护短。护短只会造成沟通不畅，最后影响的是孩子的成长，毕竟孩子的成长也需要老师的引导。只有家校合作，态度统一，家长和学校面对事情保持一样的态度，孩子才会认识到自己的问题。我会约家长进课堂，让他们感受良好的课堂氛围对孩子的学习十分重要；我会邀请家长来办公室坐下，深入交流。在此过程中，家校都会有考虑不周的情况，只要双方态度诚恳，进行有效沟通，总会找到解决问题的办法。

有位孩子故意往地上扔纸巾，并且大摇大摆走过去。经询问，原因是他认为今天不是他值日，理应值日生来打扫卫生，毫无惭愧之意。我和家长联系，反映了相关事情，并且询问这位孩子在家里的习惯，她说确实会有类似状况。当保姆提醒他把垃圾扔到垃圾桶的时候，他不但没有抱歉，反倒会理直气壮地说："这本来就是你应该做的事情！"而且会用脏话来责骂保姆阿姨。他的妈妈对此谈笑风生，以为孩子只是小，没有在意。但是当我和她分析这个不良习惯已经影响了他的做人态度以及和同学们的集体相处时，他的妈妈才意识到问题的严重性。经过我们的一致要求，孩子终于认识到自己的错误，主动地承担了自己座位的卫生。这是家校合作教育的成果。

（三）肯定正能量，及时强化

教育是一个漫长的过程，需要春风化雨般地滋润。当有孩子发生转变的时候，我们要在班里给予正式的肯定和表扬。这种仪式感和正面强化对于扭正孩子的态度和价值观是有积极意义的。孩子们之间日常会发生很多事情，只要我们有发现真善美的眼睛，走进孩子们中间，就能发现正能量，为班级班风的建设树立良好的榜样，提供正能量的资源。

汪凤炎、燕良轼、郑红主编的《教育心理学新编》中展现了品德心理结构观，如下图所示。

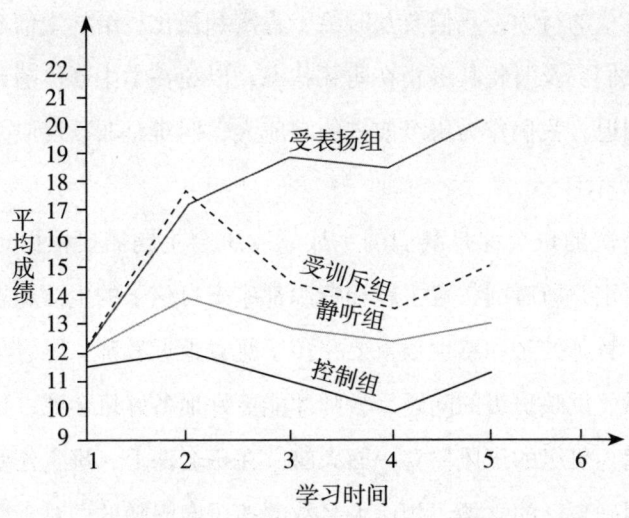

当我表扬优秀孩子的时候，开始出现零零星星的掌声。我相信，星星之火，可以燎原。当为优秀而鼓掌的孩子受到我的点名肯定和表扬的时候，她的眼睛里充满了意外，她没有想到自己的善意会得到如此的肯定，仿佛给她的心找到了一个家。经过我的一段时间肯定和表扬，有一大批孩子坚定了自己的信念，端正了自己的态度。班风渐渐开始有了转变，我相信正能量开始在班级里落地生根了。

后来，当我因学校工作原因调到其他班级任教的时候，接手的教师对我说，这个班级特别好带。我问为什么？他说因为班风好。我欣慰地笑了，因为我知道自己的努力在孩子们心中种下了善意的种子。能够帮助他们端正良好的态度和价值观，也许就是我们这场相遇最大的价值吧！

【指点迷津：教育思考】

无论是一年级刚建设一个新班，还是中途接到一个班风不太理想的班，我们都要时刻记住班级班风是孩子道德成长的沃土，是孩子的态度、价值观形成的关键，务必建设一个充满正能量的班级。

教育需要及时，有时候星星之火的闪现是很偶然的，也是会很快消失的。正能量的行为，我们要及时给予肯定和强化，给学生信心；负能量的行为，我们要及时将其遏止在萌芽状态，以免在学生群体蔓延。逆水行舟，不进则退，我们作为班级前进的掌舵人，明辨是非，反应及时，非常重要。

  每周一次的班会课是我们的主战场。班会主题需要根据班级最近出现的情况而定，所有的教育主题和资源都应来自孩子的生活和思想。在这个过程中，教师的亲和感也很重要，孩子愿意走近教师，愿意与教师分享自己的困惑、反映班级的问题，教师才能更好地备好班会课，让正能量的行为和态度为班级的班风树立一面大旗。在班会课上，班主任要亮出自己的态度，明确自己的立场，相信大多数的孩子会跟随的。对于行为比较肆意、态度比较嚣张的孩子，除了寻求学校心理资源室的协助以外，还可以联系其家长，家校携手，共同帮助孩子明辨是非，树立正确的态度和价值观。

家校沟通：携手同心，共育英才

肇庆市封开县莲都镇中心校小学　刘静

我参加教育工作以来，担任班主任有十几年，切实体会到要带好班级，必须要有家长这支强大的团队协助。但是，不少家长认为，把孩子送进学校就万事大吉了，而不管孩子道德品质如何，不管他将来会成为什么样的人。这种想法是大错特错的。俗话说："养不教，父之过。"这话可以理解为：为人父母者不仅要生育孩子，也要教育孩子；生育孩子、教育孩子都是父母的天职。有的学生家长甚至以"学生最听老师的话""学生只听老师的话"为借口，将教育重任完全推给教师。家庭是孩子的第一学校，父母是孩子第一任老师。家庭的影响对孩子的发展起着举足轻重的作用。苏霍姆林斯基曾说："教育的效果取决于学校和家庭教育影响的一致性。"在实际教学过程中，在我们的学校教育中，取得家长的配合是很重要的，如果没有有效的家校联系，教育将难以持续，乃至收效甚微。因此，学校教育与家庭教育需要相辅相成，加强它们之间的沟通互动也就显得尤为重要。

【情境再现：案例回放】

刚从办公室出来，准备回家。小烨慌慌张张地跑过来，急切地对我说:"刘老师,宇聪和小志打架啦。"这两位一直是班级中比较活跃的学生,宇聪是班级中出名的调皮鬼,小志学习成绩不错,是班级里的体育委员,但是平时心胸比较小,不能吃一点亏。开学到现在,他们的状态一直挺不错的,现在两个人突然打架,不知是怎么回事。

这时,正好看见同学扶着小志要去找值班教师。我立即叫住他们看了下他的伤势。只见他后额头上有个包,手腕上有一排牙印。看来,他是吃亏了。通过了解得知,宇聪今天值日,看到小志的桌子底下有一张纸,就把它当作废纸撕了扔进了垃圾桶。小志听说后就去质问,这是他的手工折纸,于是就开始骂他。宇聪不让,就推了他一下,小志就动手打人。我耐心地教导他们:"宇聪扫地时看到垃圾丢到垃圾桶是对的,并没有做错,撕掉就没有必要了,遇到后来小志的质问,你也可以理直气壮,假如没有撕掉,后面就不会出现问题了。如果小志无理取闹,你可以直接告诉老师或请同学评理。""小志,这几天经常把在家里折的手工拿到学校里来,老师已经在昨天提醒过了,建议你不要拿到学校来,可你今天还是拿来,又没有保管好,掉在地上就说明这个对你来说并不是很重要。有什么事大家可以心平气和地说,火暴脾气只能使事情变得更糟糕。"通过教师的教导,两个孩子想和平解决问题,孩子之间的事原本就没有什么,也就这样过去了。当时宇聪很诚恳,而小志却显露出十分不愿意的样子。

一直以来,小志的妈妈很要强,在教育孩子的时候也比较粗暴,经常是一有错误就要打,而且一旦在学校发生了什么事和她交流后,她必定会在事后问过小志后有另外的说辞,从而为孩子开脱。这样也造成了孩子总是站在自己的立场上看事情,只要是自己有理由,就不会考虑他人的感受。而且这孩子下手很重,以前也发生过打架的事情,他从不计后果。虽然我没有看到这次他们打架的过程,但从宇聪的伤势和同学们的描述中,可以看出小志真的是有点过分了。对于这样的孩子,不仅要对他进行正确的引导,还要向他的家长分析利弊。

【寻根溯源：案例分析】

父母的性格问题和孩子自身的性格特点等，使小志性子小气，遇事斤斤计较。鉴于此，我认为可以从对他本人进行引导、加强家校联系等方面着手，对其进行教育，加以帮助。对于本件事情，我采用的方法是：以亲切的话语、说服教育的方式换取他对我的信任。同时，给予他充分的时间，在谈话中让他明白教师是他的朋友，让他逐渐意识到自己的错误，了解正确的做法，并调动他的情绪来原谅宇聪、并保证下不为例。之后，我再对全班学生进行教育，一方面让学生对两人各自的错误行为引以为戒，另一方面见证两位同学知错就改。我与家长取得联系，并以朋友的角度取得家长对我工作的支持，争取家校教育的配合，促使孩子的转变。

【出谋划策：解决方法】

对小志来说，如何正确地处理同学之间的矛盾，正视自己暴躁的脾气是首要的。通过讲文明小故事、开展"文明礼貌用语大比拼"，在班级中开展文明礼貌的教育，培养学生的耐心和正确处理事情的能力。设立班级值日班长轮换制，让每个人都尝试管理班级事物，培养其解决班级中各类问题的能力。定期进行班级现状分析，让大家来讨论班级中的事和人，让学生学会正确判断对错。通过这些集体活动，潜移默化地教育孩子善待身边的每一位同学，使之认识到同学之间的矛盾可以用更文明的方式来解决。

对小志的家长来说，改变教育方式，才能使孩子有所改变。于是我进行了家访。交流中，我明确指出遇到事情不能再打一顿完事，这样的教育方式只能让孩子也学会用暴力来解决他遇到的问题。如果一直这样下去，一旦养成了这样的价值观，孩子长大后也会动不动就要动手打人，到那时可就不是小事了。不妨尝试用其他的方式来教育孩子。不要计较孩子在学校生活中的得失，有时吃亏并不是坏事，不要得理就不饶人，让孩子试着用另一种角度去看待事物。建议在家里时经常和孩子聊聊同学的优点，对学校里发生的事情进行分析，多站在别人的立场上为别人思考，并做出正面的引导。对小志喜欢用打架的方式来解决问题的这一习惯，家长要进行有意识的纠正。当然，首先应从自身开始，妈妈在教育小志的时候先不能用打骂的方式，这样潜移默化中孩子也会有所改变。其次，平时对他的打人行为要进行严肃的教育，让他知道，不管是谁的错，文明人不能以打架来解决问题。

希望通过家校合作，孩子在人格形成的过程中能不断改变，向着大家期望的方向发展，成为一名心胸宽阔、友善待人的男子汉。

【指点迷津：教育思考】

对于知识型的家长，一般如实向家长反映情况，主动请他们先提出教育的措施和处理的意见，认真倾听。一般来讲，这些家长比较注重对孩子的教育，他们观察自己孩子的表现经常比教师还要深入、细致、具体，作为教师应虚心听取他们的建议。当然，在听取家长意见的同时还要具有自己的判断力，要冷静地分析。有一定的知识、修养，在教育孩子这方面有独到的见解，与这类学生家长交谈后通常都能达到预期的效果。

对于溺爱型的家长，一般见面都要先肯定学生的长处，对学生好的一面给予肯定，再调皮捣蛋的孩子身上都会有一些闪光点，抓住他们身上的积极品质，溺爱型的家长更是希望听到教师对自己孩子的肯定。要充分尊重学生家长的感情，肯定家长热爱子女的正确性，这样家长才会从心理上接受教师的意见。同时，也要用恳切的语言向家长反映情况，指出学生存在的问题。对这样的家长，教师要在肯定中提出要求，在要求中透着委婉。教师的主要目的是要家长全面地了解孩子，从而主动地与教师共同商讨教育孩子的方法，主动配合教育工作。

对于脾气暴躁型的家长，这样的家长往往文化程度不太高，"恨铁不成钢"，学生一出现毛病，他们不加分析就拳脚相向。与这样的家长沟通，要特别讲究方式方法，谨慎行事，要采用柔风细雨式的交谈方式。首先要以情服人，取得家长的信任，使他们相信，请他们到学校来并不是为了给孩子惩罚，而是争取家长的协助，共同帮助学生。对于这样的家长一定要声明，既不能打骂孩子，还要起到教育作用。

对于后进生的家长，我们要让家长对自己的孩子充满信心。教师最感头痛的是面对"后进生"的家长。面对孩子可怜的分数，无话可说；面对家长失望的叹息，无言以对。对于"后进生"，我们不能用成绩这一个标准来否定学生，要尽量发掘其闪光点，让家长看到孩子的长处、看到孩子的进步、看到希望。对孩子的缺点，不能不说，但不要一次说得太多，不能言过其实，更不能说"这孩子很笨"这样的话。在说到学生的优点时要热情、有力度，而在说学生缺点时，语气要舒缓婉转，这样就会让家长对他的孩子充满信心。只有家长对自己的孩子有了信心，他才会更主动地与教师交流，配合教师的工作。

对于气势汹汹的家长，我们要以理服人。教师碰到气势汹汹的家长往往也会热血冲头。碰到这种家长我们一定要沉得住气才行，最有效的做法就是面带微笑。在人际交往中，微笑的魅力是无穷的，它就像巨大的磁铁吸引铁片一样让人无法拒绝。班主任在面对家长的指责时，要克制自己的怨气，不要和家长争执，更不要挖苦讽刺学生而伤及家长，脸上要充满微笑，这样无论是在多么尴尬或困难的场合，都能轻易度过，赢得家长的好感，体现自己的宽容大度，最终消除误解和矛盾。

有关爱，讲原则

深圳市福田区荔园小学（百花） 李亚奇

班级管理，是每位班主任必须面对的重要课题。一个井然有序的班级，不仅能够为学生提供良好的学习环境，还能促进他们的健康成长和全面发展。然而，如何实现有效的班级管理呢？这需要我们深入探索，从多个角度入手，以科学的方法和策略来引导和管理学生。

有效的班级管理离不开明确的目标和规划。首先应建立良好的师生关系。班主任应该尊重学生，关心他们的成长，通过真诚的沟通和交流，建立起师生之间的信任和友谊。这样，学生才会愿意遵守班级规定，积极参与班级活动，形成良好的班级氛围。

同时，有效的班级管理需要班主任具备较高的专业素养和管理能力。班主任应该不断学习新的教育理念和管理方法，提升自己的教育水平和管理能力，以更好地应对班级管理中出现的各种问题，如果对学生只有一味的关怀，而没有足够的"招数"来管住学生，那也是无法进行有效的班级管理的。

总之，有效的班级管理是一项系统工程，需要班主任从多个方面入手，以科学的方法和策略来引导和管理学生。只有这样，才能创造一个既充满关爱又能有效管理的班级环境，创造一个"政通人和，井井有条"的班级环境，为学生的健康成长和全面发展提供有力的保障。

【情境再现：案例回放】

小张是一名刚刚从名牌大学毕业的热血青年，带着满腔的热情和对教育事业的憧憬，踏入了一所知名小学的大门，被分配为三年级某班的班主任。他渴望通过自己的努力，为这些孩子们创造一个充满爱与关怀的成长环境。

小张的教育理念是新颖且富有人文关怀的。他坚信，每个学生都是独一无二的个体，应该受到尊重和理解。因此，他试图打破传统的教育模式，以更加开放、自由的方式管理班级。他鼓励学生大胆表达自己的想法，尊重他们的个性差异，给予他们足够的自由和空间去探索和学习。即使有时候学生调皮违反了纪律，他往往也不会采取十分严厉的方式来批评或惩罚学生，而是更多地采用温和的说教与引导，希望能引领学生自发地约束自己，变得更优秀，不需要教师操心与批评。

然而，小张的这种管理方式并非一帆风顺，事情并没有按照小张的预期发展。起初，几个调皮的孩子对他的宽容态度感到新奇，但随着时间的推移，他们逐渐失去了对小张的敬畏之心。他们开始在课堂上公然嬉戏打闹，无视小张的警告和教诲。小张尝试通过谈心、鼓励等方式来引导他们，但效果不佳。这些孩子似乎对他的耐心和关怀视而不见，反而变得更加肆无忌惮。

小张并没有因此而气馁，他尝试通过谈心、家校沟通等方式深入了解这些孩子的内心世界，试图找到问题的根源。他耐心地倾听他们的想法和困惑，给予他们关爱和支持。他希望通过这种方式，让孩子们自发地明白道理，激发他们的自主性。

然而，小张的努力并没有见效。班级纪律问题愈发严重，其他教师也开始抱怨无法在这样的环境下进行教学。原本不是特别调皮的孩子也开始受到这些不良风气的影响,变得难以管理。小张感到自己的压力越来越大,他开始怀疑自己是否适合担任这个职务。

小张也曾经向家长们坦诚地表达了自己的想法和困惑,他希望得到家长们的理解和支持,共同为孩子们创造一个更好的成长环境,然而,家长们逐渐对班级纪律问题的严重性表示担忧。小张的这种教育方式最终引发了家长的不满,他们纷纷向学校反映情况,要求更换班主任。

面对这样的压力,学校不得不做出决定。虽然他们认可小张的教育理念和人文关怀精神,但班级纪律问题已经到了无法忽视的地步。最终,学校决定让小张离开这个岗位,转而担任其他职务。

【寻根溯源:案例分析】

面对低年级学生时之所以需要表现得相对严厉一些,其背后有着一系列心理学原理作为支撑。这些原理有助于我们理解为何在低年级学生的教育过程中,适度的规范和严格是必要的。

首先,低年级学生的自我控制能力相对较弱。根据发展心理学的研究,儿童在成长过程中,自我控制能力是逐渐发展的。在低年级阶段,学生的大脑前额叶尚未发育完全,这部分大脑负责决策、规划和自我控制。因此,他们往往难以抵制诱惑、控制冲动,容易分心。适度的严厉可以帮助他们建立规则意识,提高自我控制能力,从而更好地适应学校生活和学习。

其次,低年级学生的社会认知尚未成熟。他们正在学习如何与人相处、如何理解社会规范和价值观。在这个过程中,教师的角色尤为重要。适度的严厉可以帮助学生明确社会规范,理解行为的后果,进而培养他们的社会责任感和道德意识。

再次,低年级学生正处于行为习惯养成的关键时期。根据行为主义心理学的观点,人的行为是通过条件反射和强化作用逐渐形成的。在这个阶段,通过适度的严厉和明确的奖惩制度,可以帮助学生建立起良好的行为习惯，为未来的学习和生活打下坚实的基础。

需要注意的是，这里的"严厉"并非指过度惩罚或严厉训斥，而是指在教育过程中要有一定的规范和原则，同时注重引导和激励。我们应该根据学生的个性特点和需求，灵活运用各种教育方法和手段，让学生在尊重和关爱中健康成长。

综上所述，面对低年级学生时表现得相对严厉一些，是基于学生心理发展特点和教育规律的考虑。适度的严厉有助于提高学生的自我控制能力、社会认知能力，促使其养成良好的行为习惯，为他们的全面发展奠定坚实的基础。

【出谋划策：解决方法】

对于低年级班级管理，确实需要制度严格的班级管理要求确保班级的秩序和纪律。以下是一些具体的做法。

制定明确的班级规则：规则要明确、具体，比如上课不许迟到早退、课间休息要保持安静、不得随意乱扔垃圾等。让孩子们明白哪些行为是允许的，哪些是不被接受的。

严格执行纪律。规则一旦制定，就要严格执行。对于违反规则的行为，班主任要及时给予批评和指正，让孩子们明白违反规则的后果，在这个时候班主任一定不能表现得太过于心软，一定要给孩子树立明确的原则与规则尺度，让孩子明白班主任的底线在哪里。同时，对于表现好的孩子，也要及时给予表扬和奖励，树立榜样。

培养班干部。选择一些有责任心的孩子担任班干部，协助班主任管理班级。班干部要起到带头作用，遵守规则，同时也要敢于指出其他同学的错误行为。

加强与家长的沟通。班主任要定期与家长沟通，了解孩子在家中的情况，并向家长反映孩子在学校的表现。通过家校合作，共同教育孩子，让孩子在家和在学校都能遵守规则。

注重情感教育。虽然管理要严厉，但也要注重情感教育。班主任要关心每一个孩子，了解他们的需求和困难，给予适当的帮助和支持。通过情感交流，增强孩子对班级的归属感和责任感。

总之，低年级班级管理需要班主任的耐心和细心，既要严格要求，又要关心爱护每一个孩子。只有这样，才能创建一个秩序井然、充满活力的班级。

【指点迷津：教育思考】

首先，班主任在班级管理时确定明确的原则，表现得适当"严厉"一些是非常有必要的。制定严格的班级管理要求，其教育意义深远且重要。严格的班级管理要求有助于维护良好的教学秩序。良好的秩序是教育教学的基础，它能够确保教学活动的顺利进行，避免各种干扰因素对学生学习的影响。通过制定严格的纪律和行为规范，学生能够明确知道什么可以做，什么不可以做，从而自觉遵守班级规定，维护课堂和校园的秩序。

其次，严格的班级管理要求有助于培养学生的规则意识和自律能力。在规则明确的班级环境中，学生需要学会遵守规则，对自己的行为负责。这种规则意识和自律能力的培养，对学生未来的成长和发展至关重要。它不仅能够使学生在学校中更好地适应集体生活，还能够为他们在社会中立足打下坚实基础。此外，严格的班级管理要求还有助于提升学生的学习效率和质量。在秩序井然、氛围良好的班级中，学生能够更加专注于学习，减少外界因素的干扰。同时，班级管理要求中的学习规范也能帮助学生形成良好的学习习惯和方法，提高学习效率和质量。最后，严格的班级管理要求也是塑造学生品格、培养社会责任感的有效途径。在班级管理过程中，学生不仅能学会遵守规则，还能培养尊重他人、关心集体、承担责任等品质。这些品质的培养，有助于学生在未来的社会中成为有责任感、有担当的公民。

而对待学生相对温和的小学班主任在面对班级管理工作时，确实会面临一些挑战，但并不代表其无法胜任或做好这份工作。建立信任关系是关键。脾气较为温和的班主任需要更加用心去了解和关心每一个学生，积极与他们沟通交流，倾听他们的想法和需求。通过真诚的关怀和耐心的倾听，建立起与学生之间的信任关系，让学生感受到班主任的温暖和支持。但是，必须制定明确的班级规则和行为准则。这些规则不仅可以帮助学生明确知道哪些行为是可以接受的，哪些是不可接受的，还能为班主任在管理班级时提供有力的依据。在制定规则时，班主任可以邀请学生参与讨论和制定，增强他们对规则的认同感和遵守的动力。

同时，班主任可以与其他科任教师、家长以及学校管理层保持良好的沟通和合作关系，共同为学生的成长和发展努力。在遇到问题时，可以主动寻求他们的建议和支持，多请教经验丰富的老教师，许多老教师也曾经历过同样的困惑，他们的经验对新老师们来说有很大的启发意义。不断学习和提升自己的能力也是必不可少的。班主任可以通过参加教育培训、阅读相关书籍和文章等方式，学习更多的班级管理知识和技巧，提高自己的专业素养和管理能力。

最后，保持积极的心态和乐观的情绪对于性格温和的班主任来说尤为重要。在面对困难和挑战时，班主任需要保持冷静和理智，相信自己能够克服困难并取得成功。同时，也要学会调整自己的情绪和心态，保持积极向上的精神状态。

总之，脾气较为温和的小学班主任需要用心去经营班级管理工作，通过建立信任关系、制定明确的规则、寻求合作与支持、不断学习和提升自己以及保持积极心态等方式，逐步提高自己的班级管理能力和水平。

班级德育如何"以小见大"

深圳市福田区荔园小学（百花） 唐叶

如果说一所学校是一个运转正常的机器，那么每个班级就是这个机器上必不可少的一个零件，任何一个零件出了问题，都会影响到机器的正常运转，所以，每个班级的建设都很重要，每个班级落实各项学校任务都很必要。因此，每个班级如何进行班级德育教育成为我们必须研究的一个命题。

【情境再现：案例回放】

记得周五家长会结束后，有一个爸爸默默地等着我和其他家长聊完后走来，聊起了他女儿的近况。

他家小龙女，一个斯斯文文的小姑娘，刚竞选当上了英语课代表，我以为爸爸是为了了解孩子学习情况的，我还想，这样优秀的孩子，除了夸，还有什么话可以说呢？

没想到这位爸爸一上来，竟是眼眶含泪，什么情况，难道是家中出了什么状况要和我交流？我顿时紧张起来。谁知他说："唐老师，孩子现在改变这么大，我太感谢你了，我都不知道该怎么说了，太激动了！"

我赶紧让龙爸坐下来，给他倒上一杯茶，让他缓解一下激动的情绪。

龙爸说："唐老师，不知道你还记不记得，你给她的一瓶益力多改变了她。她原来是个非常内向的孩子。"

那是二年级时，有一次小龙女两个星期没有交数学作业，我从其他孩子那里得知了这件事，我很意外，这么乖巧可爱的小家伙，怎么会不交作业，我把孩子叫到办公室，和颜悦色地问孩子，到底是怎么回事，细问之下才得知，是有一天孩子到校晚了，来不及交作业，又不敢找老师补交作业，第二天又因为前一天没交作业怕老师批评，再次不交作业，就这样，等到老师找她时，已经过去了好几天。

我知道如果这时候再批评孩子，本来就胆小的她会更退缩回自己的小世界去，正好我办公室桌面有一瓶饮料，我把益力多送给了她，说："老师知道你不是故意不交作业的，只是忘记了而已，以后记得按时交，即使忘记交，马上补交也没问题，你太瘦了，来，喝瓶饮料，长胖些！"

这只是我平时工作中一个小小的瞬间，转头不以为然，没放在心上，谁知道，四年了，孩子和家长都一直记得。

学校朗诵队选拔队员，小龙女虽然胆子小，但是她有一副好嗓子，朗读时的语感也很好，于是推荐后顺利加入朗诵队，经过几年的训练，大大小小的舞台上了不少，孩子的台风颇沉稳，逐渐成了主力，也自信、乐观了许多。

因为她爱阅读，写作能力强，我推荐孩子的作文参加作文比赛，她顺利获奖，作品也发表在深圳晚报上，我在班级给孩子进行了一个小小的颁奖仪式，那可爱的笑容又出现在孩子的脸上。

班干部竞选时，没想到怯怯的她能很自如地站上讲台，侃侃而谈，看得出做了精心的准备，甚至还说如果被选上了会认真履职，没有选上了也仍然会努力等。

孩子逐渐变得开朗、自信、乐观，从没有朋友到能自如参加班干部竞选，再到主动担任学习小组组长，那难得的自信从容，让家长从内心感到高兴与感谢。

【寻根溯源：案例分析】

原来，我们一个小小的善意举动，或许就能改变孩子的一生，教育孩子时多一些倾听，多一点耐心，多一分细致，也许结果就会不一样。

人本主义学习理论认为，教育的任务在于帮助人们满足"自我实现"这个最高的需要，把"自我实现"看成是促使人生长和发展的最大内在驱动力。学习是个人自主发起的，不是被动地等待刺激，是个人整体投入其中并产生全面变化的活动，学习者内在的思维和情感活动极为重要，学习是个人对学习整体的投入，它不仅涉及认知方面，还涉及情感、行为、个性等方面；学习不单是对认知领域产生影响，而且对行为、态度、情感等多方面发生作用；在学习与工作上，人人都有潜在的自主发展的能力。

"知行合一"是明代著名哲学家王阳明提出的重要思想，他认为知蕴含着行，行的过程也是知的过程，知和行名义上虽然是二，实际上是合一的。这一思想的意义在于打破"先知后行""知而不行"的弊端，为人的发展和素养的提升提供了重要的思想依据和方法策略。

【出谋划策：解决方法】

对于学生而言，班级就是自己的第二个家。如果说家是孩子们温馨的港湾，那么班级就是另一种形式的家，一个可以收获成长的舞台，一个可以习得习惯的场所，一个可以获取知识的天地。有一个健康、向上、团结、文明的班集体，才能有健康文明的学生。

俗话说，"没有规矩，不成方圆""家有家规，班有班规"。对于小学生而言，他们自律性不强，所以，班主任首先应该做两件事情：制定可以遵循的班规和教会学生如何遵守班规。

（一）共同制定班级公约

刚接手新班级时，注重利用班会课时间和班级孩子共同建立班级公约。根据班级情况和孩子的发言，采取投票等方式选出适合班级的班纪班规。在这个过程中帮助孩子们梳理作为一个学生在日常规范中应该做到什么，和学生形成共同的约定，做到"有章可循，有法可依"。

1. 班级制度——心愿存折&心愿集市

"心愿存折&心愿集市"适合低年级的孩子。心愿存折可以当作礼物送给孩子们，在送给孩子们时要有仪式感，告知孩子们"你们的学习你们做主，你们的生活你们做主"。然后悉心引导孩子们使用心愿存折，各方面表现好时，各科教师都可以奖励小红花，贴在上面，这对孩子们来说是一种简单有效的精神奖励。在孩子们看来，得到一朵小红花那就是得到了全世界。一个月兑换一次礼物，兑换仪式感也是非常重要的，低年级孩子很需要认可和自己主宰自己生活学习的能力，于是便有了我们精心为孩子组织的"心愿集市"活动。这个活动鼓励孩子们学会生活、学会花钱有道，体会劳动的乐趣，还能暗中观察孩子的个性和能力等。根据孩子们的心理特征开展的"心愿存折&心愿集市"的活动对规范孩子们的行为大有裨益，通过这个活动，孩子们能够慢慢形成自己的世界观，形成自己对规则的认识。

2. 班级制度——积分表制度

积分表制度适合中高年级的孩子。我们根据孩子们平时的各项表现给予一定的积分，具体安排如下。

（1）课堂积分

以小组为单位，通过"红旗榜"有针对性地进行集体奖惩，每周班会课，获胜组将获得零食大奖。根据课堂的表现进行评判。

（2）日常行为积分

结合班级需要，根据值日班长记录的数据来开展积分。

（3）对孩子的约束

积分制度的实施，需要孩子们的自觉也需要一定的约束。和学生约定好,违反规定则积分清零;每月小结时,邀请家长共同监督引导。利用这两种规范来避免学生出现乱加分的情况。

(4)每月兑换相应的奖励

物质奖励和精神奖励相结合,最受孩子们欢迎的是"选座位卡",因为孩子们拥有了自主选择权。

教师可以根据班级孩子的具体情况,来制定适合本班的积分制度,以达到最好的教育效果。权利放给孩子,信任孩子,也是一种成长。

(二)三级管理系统:班长—值日班长—各级委员

班级的管理采取"点—线—面"铺开的方式进行,以达到"人人有事做,事事有人做"的效果,让学生真正成为班级的主人,提升主人翁意识,这样能够让学生更加自律,提高管理自己的能力。

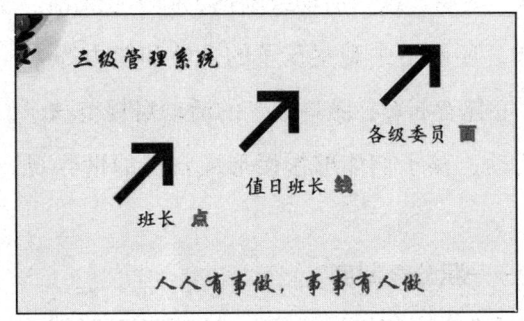

重要职务的任命:考查学生的倾听能力、完成小任务的能力,以及处事能力。有倾听能力和执行能力的孩子,管理能力可以加以培养。

1. 班长制度

设置2~3个班长,分管不同的方面,如课堂、课间、卫生等。优选有倾听能力和执行能力强的孩子。

2. 值日班长制度:两周一次,一次三人

(1)到校课堂班长

负责课前准备,常规歌,每科课前的监督。课堂上要学会听,将常被教师批评的孩子记录下来。遇突发情况，小班长小助手要主动管理。

（2）课间路队班长

提醒同学把下节课东西准备好，登记提醒下课追跑打闹的同学。路队委员一前一后协助教师管理队伍。

（3）午托两操卫生班长

负责广播体操、眼保健操的纪律以及班级卫生情况。

这些值日班长的设置很有必要，值日班长可以发现一些教师容易忽略的地方，从而使教师及时处理，及时沟通。

3. 各级委员

一般而言，在接班第二年后再设置各级委员。因班制宜，因生制宜，培养好小班干，让每个学生的特长得到发展。

四（3）班班级管理明细		
职务	职责	人员
班长	协助老师管理班级，喊起立、领队、负责课前纪律	
课代表	协助该任课老师管理课堂纪律、收发作业、帮助老师拿学具等	语文： 数学： 英语： 音乐： 科学： 美术： 体育：
黑板委员	每节课课后擦黑板，放学后用水清洗黑板	周一： 周二： 周三： 周四： 周五：
眼操委员	督促同学认真、规范地完成眼操	
图书委员	每天中午和放学后整理图书角	

续 表

职务	职责	人员
路队委员	每天中午、下午放学和去功能室上课时协助教师督促同学们排整齐队伍,按照指定路线走	
课间纪律委员	督促同学课间文明休息,不追逐打闹、大声喧哗	
门窗委员	负责开关前后门、窗户,拉窗帘	
灯扇委员	去功能室上课、放学时负责开关灯扇	
午托委员	协助午托教师管理班级	
柜子委员	把柜子门关好,柜子上物品整理整齐	
卫生委员	负责维护班级卫生,见到地面有垃圾提醒同学及时清理,每天中午倒一次垃圾桶	周一: 周二: 周三: 周四: 周五:
桌椅委员	早晨到校后把桌椅摆好,课间检查桌椅摆放,放学督促同学把椅子翻上去	周一: 周二: 周三: 周四: 周五:
桌洞委员	检查同学桌洞是否有垃圾,督促清理	
电教委员	负责电教平台的使用和维护	
校服委员	督促同学把校服整理整齐	
讲台委员	负责整理讲台,每天擦洗	
植物委员	负责为班级植物换水、浇水	
课后服务委员	协助老师管理课后服务同学的纪律	
长课间委员	管理同学排队有序上下楼,安全文明进行活动	

【指点迷津：教育思考】

一个班级就是个小社会,班级德育小中见大,值得我们多思考,多总结,多提升!

面对双减,班主任也面临着新的挑战。如何把班级建设得更好?如何与家长进行沟通交流?这些都是需要我们不断去思考的问题。要善于思考和总结,学生少不了每天一步一个脚印的成长与进步,班主任们需要从培养孩子们的优良习惯和各方面的能力做预先的思考和规划,给孩子们一个好的起点,把班级常规建设得更好,让孩子们在我们的带领下能走得更远,笑到最后!

活动、文化两手抓

——班级建设

自强为根,以文化人

——我的带班育人方略

深圳市福田区荔园小学(通新岭) 赖琦琦

半亩荷风摇月影,一园春水护红花。默默奉献,勇挑重担,迎难而上是每位班主任义不容辞的使命。有爱心、有方法、有制度,让春水的温柔带动一树红花的盛放。我以文化为桥梁,用诗歌教化学生,找寻生命的春天;我以制度为抓手,精耕细作组织和管理学生,注重自强励志的班风、学风建设;我以爱心为摇篮,用耐心教育感染学生,转化后进生效果明显。

依托《中小学德育工作指南》,结合学校"圆融教育"的办学理念,以及本班学情和班主任特长,本班以"特色活动"为载体,以"国学文化育人"为理念,努力培养德智体美劳全面发展的社会主义接班人,打造一个自律自强、温暖团结、奋发向上的特色班集体。

【情境再现:案例回放】

案例一:作业记录本是家校联系的一个渠道,我经常会查看上面的留言。有一次,某同学的作业记录本上出现了一行蓝色字迹:"作业并不多,孩子却做到半夜1点才做完,请老师严厉批评!"电话联系后,家长对孩子的行为习惯大吐苦水,做事情经常是慢吞吞,连洗澡都要花上1小时。除了生活,学业上也能拖延则拖延,每天晚上家里都会上演"作业检查"大战。而据观察,班上还不止一个同学出现这类"拖延症"情况,不少家庭矛盾就是由此而起的。

案例二:体育节快到了,班级到操场上练习着行进队列。我请同学们大声喊出口号,但他们都提不起劲,口号声稀稀拉拉。平淡的气氛和预期的截然不同,我悄悄问起班干部,同学们不喜欢参加运动会吗?班干部说:"我们班活动比赛经常都是垫底,我们都习惯了,这次应该也差不多。"曾经失败的遭遇,让同学们的士气低迷,似乎成了被压在五行山下的猴子——永世不得翻身。

案例三:办公室中,语文老师兼班主任们经常讨论起这一届学生的不同。一班老师说:"我们班孩子写一篇有关篮球高手的作文,管投篮的时机叫作'鸡会',听其他同学说是和明星相关的流行语,这叫作'玩梗'。"三班老师说:"之前上革命题材课文时,学生把烈士牺牲说成是'芭比Q了'。"我想起前不久的课堂上,我和学生正一同感受着苏杭地区的美景:"同学们,这绝美的风景就来自苏州园林,来自美丽富庶的江南水乡。正如我们古人所说:上有天堂——"出乎我意料的是,同学们竟然纷纷回答:"下有地狱!"

以上三个案例,都来自我刚接手的五年级某班。这个班级五易班主任,自接手以来,我便开始观察班级情况,并与数十位家长进行电话家访,力图全面了解学生生活和学习的状态。从案例中,能发现同学们生活、学习作风散漫,缺乏自律、自强、自信的精神内核,在集体中易受到消极心态的影响,在追求个性化的过程中往往会落入泛娱乐化的圈套。他们需要优秀文化作为精神核心,培养出积极健康的学习和生活态度。

【寻根溯源：案例分析】

为了更好地解决这一问题，我尝试分析其背后的原因。

（一）社会层面

美国媒体文化研究者尼尔·波兹曼于1982年出版著作《童年的消逝》，其中有这样一段话："成人和儿童之间的主要区别之一，是成人知道生活的某些层面不适宜儿童知道，比如种种奥秘、矛盾冲突、暴力和悲剧等等；而在现代世界，儿童逐步走向成年，我们正把这些秘密以我们认为在心理上可以吸收的方式透露给他们。"而使童年消逝的媒介，就是如今大行其道的短视频，它是电子时代信息传播的代表。

短视频不像书籍那样能够区分出阅读人群，它的门槛近乎为零，即使是幼儿园的孩子也能游刃有余地看视频。为了能够吸引更多的人群，短视频会不断地用新鲜而有趣的信息来吸引观众，它本身就不具有深入和持久讨论某一问题的能力，它呈现的结果不是深刻的、复杂的，而是充满娱乐性的。

而孩子们会在不具备辨别能力的年龄，就接触到视频中的种种暗示，乃至明示。可以说，成年人的娱乐化表达是在形成价值观之后，对社会上一类现象的解构和调侃；而孩子们心中没有一根"定海神针"，他们在懂得理解、尊重和传承之前，就已经看到娱乐化也是手段之一。所以那根思想上的"定海神针"是我们迫切需要为学生们树立起来的，让他们传承优秀传统文化的精神内涵。

（二）家庭层面

在现代家庭中，有这样的误区：有些家长像"包办婚姻"一样过度包办生活，孩子饭来张口、衣来伸手，家务免做、需求全包，只希望孩子能专注于学业。这种过度的包揽会导致孩子缺乏独立性和自我管理能力。孩子没有机会学习如何管理时间和任务，因此难以形成良好的学习和生活习惯。

过度包办也会削弱孩子的自我价值感。如果家长为孩子承担了一切，即便孩子表现得优秀，内心也会有种不自信的心理：究竟这份优秀是归功于我，还是归功于家长呢？同时，孩子可能会认为自己的价值取决于成绩，忽略了个人成长和全面发展。

有时候，面对这种较为单一的评价和严格的要求，孩子一旦多次达不到要求，就容易造成习得性无助。在失败时，孩子可能没有得到足够的积极反馈和鼓励，导致他们对自己的能力产生怀疑，缺乏自信心。因此，需要指导家长与孩子之间形成有效的沟通，深入了解孩子的需求和兴趣，全面看待孩子的长处与成就，激发他们自律自强的心理。

（三）学校层面

学校是教育的主阵地，承载着为党育人、为国育才的光荣使命。党的十八大以来，习近平总书记多次强调要传承和弘扬中华优秀传统文化，并指出"中华优秀传统文化教育抓早抓小、久久为功、潜移默化、耳濡目染，有利于夯实传承中华优秀传统文化的根基"。小学教育对形成孩子的价值观有着至关重要的作用，中华优秀传统文化的传承要"从娃娃抓起"。但是，无论是教学教研还是师资培养，教育对中华优秀传统文化的重视还处于探索阶段。学生们在语文课堂上的学习，远达不到耳濡目染、潜移默化的程度，更倾向于工具性和知识性的学习。小学道法课本中的中华文化，主要是对近代苦难历史和奋斗征程的回顾，缺少对先哲的智慧的融会贯通。因此，班级建设中势必要融入中华优秀传统文化，浸润自强不息、厚德载物的思想，提升学生的内在动力和认同感。

【出谋划策：解决方法】

针对以上问题分析，并结合学校"好学力行，朴素圆融"的办学理念，我为本班选择了班名——红木棉班，以培养"奋发有为，躬身好学"的"红木棉少年"为总体育人目标。班级发展的第一阶段目标是"筑梦荔园，木棉攀枝"，意在激发学生奋斗精神，提升素养积累；第二阶段目标是"逐梦未来，一树擎天"，意在引导学生放眼未来发展，提升思想境界。

班名	红木棉中队
班魂	励志自强
班训	天行健，君子以自强不息
育人目标	奋发有为，躬身好学
班级发展目标	第一阶段 筑梦荔园，木棉攀枝。→ 第二阶段 逐梦未来，一树擎天。
班徽	
班级宣传照	

我以"发现美"的常规教育、"自强美"的精神教育、"发扬美"的家校协作为红木棉班的教育中心思想，开展了"木棉共励志""木棉同生机""木棉齐盛放"的实践做法。具体的做法如下。

（一）木棉共励志，构建"发现美"常规教育的基石

1. 教师身正为范，于无声处育品行

从带班的第一天，我就有意识地以一言一行影响班级同学。我通过肢体动作、眼神示意，传递赞许的力量；每天午餐后亲手将讲台擦拭干净，出操时将衣领折好，做整洁干净的表率；随手将垃圾捡起，摆好桌子，表示对班级卫生的重视；早读提前15分钟进教室，贯行"做事要提前"的道理。

2. 伙伴不吝鼓励，于温情处聚人心

班级实行值日班委制度，全班同学轮流做值日班委，做好记录。规定每天在值日本里必须表扬好人好事和进步同学，不表扬则不合格。班会课上，我也鼓励同学相互表扬，尤其是发现进步的同学，还会进一步在班级群里表扬，形成正能量的磁场。家长会上，我也将鼓励的力量分享给家长们，收获了他们的认同与赞许。

3. 班级奖惩公道，于点滴处抓常规

班规是班级管理的基石，一套可行的评价奖惩能够促使优者更优，中等者有目标，后进者有底线。善用每次班会课，做好班级常规总结。我通常会设置班干部总结、同学补充情况、常规分数总结、表扬先进和集体等环节，每月将优秀同学的照片和经验上墙，弘扬常规、学习方面的先进经验。

（二）木棉同生机，开展"自强美"精神内涵的养成

1. 紧紧围绕"自强"的班魂建设

红木棉中队从成立的第一天起，就以"木棉花"为班级的文化图腾，带领学生浸润于英雄树的生命价值。在校园门口，常有数十株老木棉苍拙壮茂，枝柯排空直上，深红满枝，如虬龙奋发，直指碧空。在课堂学习、共读交流中，我都会时不时引导学生想起红木棉迎风傲放的生命能量、自励奋发的文化符号，让木棉花的身影映在学生心中。

与"自强"的班魂相对应的班训是：天行健，君子以自强不息。班训

不只出现在班级文化宣传栏，更出现在每天的课堂上——每节语文课前，师生都以班训相互问候，这早已成为融入骨子里的习惯。班训还出现在每次的集体活动中，还记得第一次运动会，孩子们就高喊着"五七五七，永争第一；砥砺前行，自强不息"的口号，不仅赢得台上评委们热烈的掌声，也赢得了班级自信心与凝聚力。

2. 牢牢扎根"自强"的典籍阅读

经典是历经时间洗刷而经久不衰的典籍，包含着作者从人生经历与生活体验中积淀下来的宝贵思想，也是"红木棉学子"们吸收精华养分的土壤。

每周一节国学经典共赏课。学生们朗读和鉴赏了先秦诸子的篇章或名句，如人物小传《世说新语》《史记》，散文《滕王阁序》《桃花源记》等国学篇目，懂得了修身要谦谦君子，温润如玉；学问要如切如磋，如琢如磨；做人要自强不息，厚德载物。

每月一本优秀文学作品共读。在五年级，同学们已经共读了《琦君散文》《呼兰河传》《生死场》《一千零一夜》《西游记》《三国演义》《俗世奇人》《小兵张嘎》。阅读配以阅读单，还会不定期举行阅读分享会、朗读者活动、读后感征集，在阅读活动中体会历史的厚重与人情的冷暖。

每年一次科幻小说读写。科幻是对科技、社会、人性的体察和预见，精神不朽是人类永恒的主题。在每年的9—10月，集中给学生介绍星新一、刘慈欣等科幻作家的优秀篇目，引导学生书写对未来的想象，班上多位同学入围"鲲鹏"青少年科幻文学奖。

3. 深深浸润"自强"的文化建设

习近平总书记强调，"讲清楚中华文化积淀着中华民族最深沉的精神追求，是中华民族生生不息、发展壮大的丰厚滋养"。作为一名语文老师兼班主任，用诗歌的力量教育孩子是有着优势的。让学生在古典诗词的熏陶之下见天地、爱自然，成为有爱有心、有情有义、有理性，能思考的人。

我们玩中乐学，以诗词素养熏陶班风。我会定期在班级开展诗歌分享会，并在积累的基础上开展诗词大会，通过比赛竞争的方式激发学生背诗诵诗的兴趣。为了加深学生对诗歌的理解，还会采取各种游戏化的手段，如灯谜、对对子的方式进行诗意的学习。在诗词的浸润之下，孩子们出口能诵诗篇，行文能引名句，自然能够养成美好的品质。

我们项目导学，以诗育人引导榜样力量。我还将项目式学习带入古诗词教学，以诗人品质为线索，从前置阅读、诗歌感发、群诗阅读、诗歌创作等步骤对诗人进行深度解读，带着学生了解古代士大夫"不平则鸣"的品质，以中华优秀人物为榜样。

我们主题学习，由内感发提升生命力量。在学生不同的成长阶段，推出不同的诗歌主题学习，比如毕业之前，我们就会以"依依惜别"为题，进行一系列活动，并最终创作属于自己的"骊歌"，通过诗歌抒发离别的悲伤与不舍的感情。

（三）木棉齐盛放，成立"发扬美"家校协作的机制

1. 弘扬正气，注重品质引导

重视塑造孩子的求学态度和为人之道，引导家校共同培养难能可贵的修养和受益终身的品质。勿以善小而不"见"，抓住典型，大群表扬先进和进步，私下表扬点滴成长，确保每位孩子都能在班级发光发热。学生的点滴进步，科任教师的敬业爱岗，家委的幕后付出，义工的辛勤值日，都会成为家校群里共同学习发扬的素材。

2. 书信交流，促进家庭和谐

在与同学们相处的过程中，我发现部分孩子缺少对于父母之爱的正确理解，一次责骂就会让孩子耿耿于怀甚至心生怨怼。站在第三方的角度，我理解在家庭教育的过程中免不了有批评责骂，我们既需要引导孩子正确理解父母的爱的教育，同时也需要让父母知道孩子心中的不满。

而家书蕴含着情理温暖，也承载着中华民族的家庭教育文化，正是一个合适的交流载体。我开展了家校亲子活动——"一封来自爸爸妈妈的回信"，得到了50位家长的支持，有出差在外的家长甚至手写了满满两页纸，拍照打印给孩子。为了将温情一刻留存为永恒的记忆，我将优秀的信件借助chan3D做成"爱的瞬间"线上展，提供给家长同学参观。

【指点迷津：教育思考】

这些年，我从怎样形成一个自强励志的班级文化、怎样构建以文化人的立体体系、如何让中华优秀传统文化为培养红木棉学子赋能等几个方面实施了构建良好班级教育生态的创意举措，取得了以下几方面明显的成效。

一是学生的精神面貌得到充分的改变，主动地参与各项活动和比赛，增强了对班级的信心，形成一股积极向上的合力。

二是班级的管理变得更为轻松且有序，现在每位班干部都各司其职，同学们在管理下自由成长，每位同学都感受着在校学习的快乐和生活的美好。

三是学生的个人修养和对传统文化的热爱更上一层楼，每周的国学素养课堂是他们最感兴趣的课程之一，同学们的表达、写作都会自主引用诗句，甚至开始接触文言文写作了。遇到挫折，也会以古人的励志精神来激励自己，乃至外化于行。

四是家庭教育的功能不断得以强化，良好的班级教育生态极大地促进了学生的进步；教师和家长形成了良好的关系，有效推动家校协同，每一个孩子自由快乐地生长在良好教育生态中。

"红木棉学子"们在筑梦、追梦的一年间茁壮成长着。我也在这一年，对班主任工作有了更深的认识。我深深地感受到，教师，尤其是班主任，与学生是彼此成就、教学相长的一体。

教育是教育人、培养人、发展人、塑造人的事业，作为教育工作者，我坚守自己的使命担当，恪守自己的教育初心，言传身教，严格要求，以爱鼓励，注重构建团结和谐、积极进取的班集体，让中华优秀传统文化润物无声，以自强自律的精神引领班风的建设。今后，我将继续用爱心、耐心和责任心去引领学生养成良好的道德品质和学习习惯，让学生的身心得以健康成长。

优化班级管理,实施孝道教育

深圳市福田区景鹏小学　彭佩

当代学生思维敏捷,富有创意,敢于展现自我和追求梦想,但是非观念薄弱,需要家庭、学校、社会创造正能量的环境,加以正向引导。在教室里,所有的教导与授课都依赖于学校的核心组织——班级。积极健康的班级氛围不仅可以激发学生的学习热情与创新思维,更关键的是能帮助他们养成优秀的习惯与道德,培养出乐观的心态。那么,如何塑造充满活力与正向能量的班级文化呢?

历经五千年的悠悠岁月,孝文化宛如长河中的璀璨明珠,为后世子孙提供了无尽的智慧与启迪,深刻影响了现代人的价值观念和道德实践。因此,如何借助学校平台传承优秀孝文化就成为摆在教育工作者面前的一个课题。

【情境再现:案例回放】

案例一:一次召开家长会时,一位女孩的母亲对我倾诉自家孩子各种不是:当父母为她规划学习和生活的时间表时,她总是不屑一顾,认为自己想怎么样就怎么样,一句"我知道,不用你管!"把父母噎住。有时,父母要他帮忙做家务,她总是以各种理由逃避,不是说作业多就是心情不好或者约了同学出去玩。都上四年级了，从未承担过家务责任，即使是简单的任务，如扫地、收拾房间也不愿意参与。她认为这些是父母应该做的事情，与自己无关。父母无能为力，向教师求助。

案例二：几乎每个学校的校门口，放学时，都普遍存在这样的现象：家长在接到孩子的那一刻，有一个很顺手的动作，就是把孩子的书包背在自己背上。特别是老人家，佝偻着背，还是驮着书包吃力地前行，孩子们却熟视无睹，拿着家长递过来的零食，蹦蹦跳跳地走在前面。有一次，我看到一个爷爷接到孙子，没有在第一时间接过书包，孩子抱怨着。爷爷解释今天腰疼，要孙子自己背书包。孙子竟然一边骂咧着一边在地上打滚。爷爷生气地拍了孩子的背，孩子竟爬起来对爷爷拳打脚踢，直到保安过来才控制住。

【寻根溯源：案例分析】

从上述两则事例中，我们不难发现小学生在孝心方面的匮乏已然成为一种普遍现象，这一现象对他们的道德发展和人格塑造构成了明显的障碍。为了更深入地理解这一问题的根源，我认为以下几点原因值得考虑。

（一）家庭原因

在现代家庭中，很多父母对子女的溺爱现象屡见不鲜。他们竭尽全力为孩子提供最优渥的生活和学习条件，甚至满足孩子不合理的要求，对他们的无礼行为也缺乏原则的约束。这样的生活场景经常上演：饭后，孩子们自在地看电视或出去玩，而父母却忙于收拾；美味的食物，总是先让孩子品尝，而孩子却鲜少回馈父母的辛劳；当父母身体不适时，孩子的关心往往显得稀少。

除了溺爱，也有父母对孩子的要求过于严格，导致孩子性格偏激、冷漠。他们不理解父母的行为，与父母产生隔阂，缺乏情感的依赖。而父母在进行家庭教育的过程中，未能发挥"言传身教"的作用，没有为孩子树立孝顺的榜样，家庭中的"敬老"氛围逐渐淡化。

这些错误的家庭教育方式导致小学生普遍形成了自我中心、依赖性强、唯我独尊的不良习惯。这样的现象令人担忧，我们需要重新审视家庭教育的方式，为孩子的健康成长创造一个良好的环境。

（二）学校原因

学校是培养国家未来栋梁的关键场所，它承担着教育和培养人的双重使命。然而，当前的教育体系和模式尚未充分发挥其应有的作用。在应试教育的导向下，德智体美劳这五育之间的和谐统一被打破，德育作为五育之首，虽然在形式上被高度重视，但实际上其重要性常被忽视。当前的教育实践过多地依赖于应试教育的方法，片面强调集体主义和爱国主义的传授，而对孝道教育这样的核心价值观念的深入教育却显得力不从心。学校过于注重理论知识的传授，而忽视了引导学生自我感悟与实践的重要性。尽管小学开设了道德与法治课程，但这些课程往往局限于教室之内，未能真正融入学生的生活实践中。因此，作为学校德育不可或缺的组成部分，孝道教育在现实中被简化、削弱甚至形式化，从而导致了小学生群体孝道意识的普遍缺失。这需要我们重新审视和调整教育策略，确保德育的全面发展。

【出谋划策：解决方法】

班级管理不仅是教师日常教育教学活动的重要组成部分，同时也是实施感恩教育、关爱教育和孝道教育的有效平台。通过精心组织的班级管理活动，教师可以引导学生学会感恩、学会关爱，并深化对孝道精神的理解和实践。这样的教育实践方式，不仅能够提升学生的道德品质，还能够增强班级的凝聚力和向心力，促进学生全面健康发展。在班级管理工作中有效渗透孝文化，在潜移默化中将"孝"与"爱"植根于学生的思想之中，进而正向引导学生的人生观、价值观。我主要从以下几个方面进行了积极的尝试和实践。

（一）教室布置展"孝"

苏霍姆林斯基曾指出："只有当教育环境得以精心营造，教育才能收获预期的效果。"教室，作为学生集体学习与成长的摇篮，其环境的品质优劣会在无形中对学生的成长产生深远影响。为建设班级孝文化氛围，我将教室的布置作为突破口，组织学生布置以"孝"为主题的班级黑板报，汇集了以孝道为主题的诗文、书画及孝道文化手抄报展示等佳作，让学生了解孝文化知识，利用环境影响孩子的内心，为孝道文化的浸润提供良好的环境条件。

（二）感恩班规示"孝"

开学初，我组织学生召开主题班会，讨论班规班约，确定以"感恩"为主题的班规班约，同时，将班规班约上墙，成为学生的行为准则。

（三）主题班会谈"孝"

《孝经》曰："身体发肤，受之父母，不敢毁伤，孝之始也。"珍爱身体，珍惜生命，是行孝的第一步。同时，也让孩子们明白《弟子规》所言：身有伤，贻亲忧。教师开展一系列以"安全"主题的生命教育班会课，让孩子们体悟生命的可贵，懂得安全的重要性。

（1）"珍爱生命，远离毒品"的禁毒安全教育。

（2）聚焦于心理健康的教育活动。

（3）以"安全护航，拒绝独自游泳"为主题的防溺水安全教育。

同时，教师把学习《弟子规》作为班会课的"必修课"，以古人的"孝"为思想教育素材对学生进行孝道教育，直接给予学生"知恩要回报"的思想教育。例如，欣赏《二十四孝》中的经典故事，如舜的"孝感动天"、刘恒的"亲尝汤药"、仲由的"百里负米"以及董永的"卖身葬父"等。有时，教师还会把自己或者自己的孩子行孝的事情与学生进行交流，说说自己的感想，与学生在平等友好的氛围中交流对"孝"的认知。

另外，每学期开展孝道主题班会课，邀请了家长现场听课，创新班会课形式，通过学生汇报等方式引导学生主动感悟孝文化，并着力推进家校共育合力。

这一举措，让孝文化从小根植于孩子的内心，浸润孩子的心灵，促使孩子养成积极的思想观念和良好的行为习惯。在师生携手努力之下，班级文化正在潜移默化中形成，其核心便是"心怀感恩，乐于助人"。在这种文化的熏陶下，学生们的责任感逐渐增强，从原先的被动管理转变为现在的主动为班级和学校着想。这种转变标志着学生人格品质的显著提升和飞跃。

（四）多彩活动显"孝"

多姿多彩的班级活动不仅是提升班级凝聚力的关键手段，更是展示独特班级文化的重要窗口。通过这些活动，班级成员之间的凝聚力得以增强，同时也向外界展现了班级独特的精神风貌和文化底蕴。在学校举办的"挺膺杯"国学小博士评选活动中，我带领全班同学倾情朗诵的节目《中华少年，孝义为先》荣获特等奖，这个节目不仅成了学校国学课堂的宣传片，还在建校30周年的庆典舞台上展示，受到了师生和家长们的广泛关注。在学校开展的幼小衔接和国旗下班级展演活动中，教师跟孩子们一起宣传孝道文化。活动的宣讲和推广，使孝文化的深刻内涵广泛传播，深入人心。

（五）检讨反省思"孝"

在进行班级管理的过程中，教师在处理班务事务以及开展思想教育的同时，也完全可以融入感恩教育的元素。引导学生用所学孝道知识进行自我反思、自我教育，代替教师"喋喋不休"的空洞说教，孝文化就会"润物细无声"，流入学生心田。

（六）节日感恩表"孝"

在班级管理过程中，教师在完成感恩教育之后，仍需进一步推进关爱教育，以教导学生如何向父母传达自己的感激与谢意。关爱，作为家庭生活中最动人、最温馨的情感交流方式，恰恰是孝文化在日常生活中的具体体现。例如，母亲节、父亲节、重阳节来临之际，教师会组织学生写"感恩卡"，开展"我为家人服务"的感恩行动。例如，为父母倒上一杯温暖的开水，或是为他们准备洗脚水；协助爷爷奶奶进行洗菜和烹饪；为外公外婆递上拖鞋，或是为他们轻轻捶背以舒缓疲劳；同时，积极参与家务劳动，共同打造一个整洁舒适的家居环境。这种"爱"的表达和交流，是孩子给予爸爸妈妈最好的礼物与情感慰藉，同时，这能让孩子懂得感恩、学会感恩，从小养成积极正向的心态。

（七）经典共读明"孝"

在学校，教师利用午读时间，与孩子共读孝文化经典书籍《弟子规》和《孝经》。在班级内部，传统文化氛围日益浓厚，潜移默化地熏陶和激励着每一位学生。教师引导孩子读经典、行孝道，同时吸引越来越多的家长加入"读经典"的活动中来：亲子共学孝道，撰写读书笔记和读后感。这种"经典共读"活动，不仅营造了温馨与爱的班级氛围，还引领家长思考家庭教育，向古人学习家教智慧，建设优良家风。孩子受到孝文化的双重熏陶感染，在潜移默化中接受孝文化教育，慢慢养成健康正向的价值观。同时，还能在一定程度上，提升家校共育能力。

（八）特色作业行"孝"

假期，教师会布置"争做孝顺好儿女"孝道践行作业。我致力于引导学生深入理解孝道，并能够身体力行地实践它。在家里，学生被鼓励主动参与并承担一些力所能及的家务劳动，这不仅使他们体验到劳动带来的乐趣，更能深刻感受到劳动的艰辛，从而更加理解和珍惜父母的付出与辛劳。在社区，在家长或成人志愿者带领下，开展或参与环境保护、垃圾分类、文明劝导、爱心帮扶等志愿服务实践活动。我们积极践行"人人为我，我为人人"的大爱精神，其中包含的大孝之道更是我们教育的重点。我们希望学生能够深刻理解，"孝"不仅是一种传统美德，更是一种生活习惯，是优秀个体所必备的品德。通过这种孝道教育，我们期望学生的道德品质能够得到升华，成为具有高尚品格的未来之星。

【指点迷津：教育思考】

现在的学生是父母手心里的宝，是社会的花朵，所以他们仗着这些来自各方的保护与偏爱，不懂得珍惜、孝顺、礼仪、谦让等行为习惯。因此，不少家长和教育工作者纷纷感叹，现如今的孩子们（学生）似乎变得越来越难以教育和引导了。造成教育困难的原因多种多样，但身为教育者，我们有必要从民族发展的精神根源中寻求教育的智慧与方法。

"夫孝，德之本也，教之所由生也。"孝道，作为道德的根本，不仅是个人品行的基石，更是中华民族的精神血脉。特别是在小学教育阶段，孩子们的心智正在形成，人格逐渐健全，此时加强孝道教育显得尤为重要。通过这样的教育，可以助力小学生建立起稳固的个人良心，进而增强他们对自身、对父母以及对社会的责任感。这样的教育过程不仅能够帮助孩子们塑造健康的个性，更能为他们的成长成才之路奠定坚实的基础。简而言之，孝道教育在塑造少年灵魂、助力其成长成才方面，具有不可替代的重要作用。对小学生实施孝道教育，势在必行，理由有以下几点。

（一）有利于小学生基本道德素养的形成

1. 懂得感恩

孝的具体体现即为孝敬与感恩之心。对于小学生而言，培养他们的感恩意识是孝道教育的重要一环。首先，感恩应从父母开始，让孩子们深刻理解是父母赋予了他们生命，并倾注了无尽的爱与关怀。父母是世界上最伟大、最无私的存在。只有深刻理解并珍视父母的付出与牺牲，孩子们才会懂得回报的重要性。随着年龄的增加，他们将会逐渐明白孝敬父母是理所应当的义务，而不仅仅是一种责任。在此基础上，他们也会对周围关心自己的人心怀感激，并寻找机会给予回报。这种从感恩父母开始的情感延伸，会逐渐扩展到感恩教师、学校以及整个社会。这样的成长过程将让孩子们成为充满爱与善意的人，为社会贡献出更多的正能量。

2. 学会做人

孝道教育，本质上是一种关于如何成为更好的人的教育。正如孟子所云："老吾老，以及人之老；幼吾幼，以及人之幼。"这意味着不仅要尊重、孝敬自己的长辈，同样要用爱心与关怀去尊重他人的长辈；要疼惜爱护自己的孩子，并用相同的温暖去呵护别人的孩子。更进一步，这种尊重和爱护应当延伸到社会层面，成为每个人做人的基础。这种精神不仅仅局限于家庭，它同样要求我们在对待他人时，无论是教师、同学还是陌生人，都应保持尊重和谦逊。这种态度在日常生活中的体现，如遵守公共秩序、爱护公共设施，实际上都是源自家庭伦理和对家庭的热爱。总的来说，孝道教育是一种让我们更好地与人相处、理解如何做一个好人的重要方式。

3. 培养爱心

孝的核心是爱。在人类的情感世界中，爱是驱动积极行为的原始动力。在班级德育实践中，我们应当深入挖掘并精心培育孝道教育，让"孝"成为培育爱心的土壤。通过这种方式，从小的家庭之爱出发，逐渐扩展到对社会、对世界的大爱。这种渐进的、由近及远的教育方法将极大地提高德育的效果，达到事半功倍的效果。

4. 培养爱国心

爱国情怀与孝道紧密相连，可以说，孝道是培育爱国之心的土壤。对于小学生而言，他们不仅需要接受爱国主义教育，更需要通过加强孝道教育来培养爱国之情。通过这种深入人心的德育方式，孩子们将更加真切地感受到家乡和祖国的可亲可爱，从而在他们心中树立起坚定的爱国主义精神。这种接地气的教育方法不仅易于被孩子们接受，而且能够更好地引导他们在成长过程中，始终心怀家国，为祖国积极贡献自己的力量。

（二）有利于班级德育的落实

德育的成效往往依赖于个体的内在天性与道德良知。然而，传统的说教式德育方法在面对小学生时，常常面临挑战。小学生的天真无邪、活泼好动以及倔强固执等天性，使得他们难以理解和接受抽象的道德理念。因此，德育的落实往往受到阻碍。但如果我们将孝道理念融入德育之中，情况将会大有不同。孝道教育具有深入人心、贴近生活的特点，它可以通过具体的家庭关系、亲情互动等实际场景，引导小学生体验和理解孝道精神。这样的教育方式不仅能够激发小学生的情感共鸣，还能使他们在实践中逐渐培养出对家庭、对社会的责任感与爱心。因此，将孝道融入德育，可以使德育更加贴近小学生的实际生活，提高德育的实效性。

1. 最易懂的道理

孝道是一种实际可行的伦理观念，它的表现形式直观而具体，可以通过日常生活中的实际行动来体现。与之相比，德育的理念往往显得抽象和遥远，往往以一些规范和框架的形式呈现，给人一种难以触及的感觉。当我们在实践中感受到对父母的关爱和尊重带来的内心满足和愉悦时，孝道的意义就变得生动而深刻。而德育的大道理往往缺乏这样的情感基础和自觉体验，容易让人觉得空洞乏味。因此，将孝道融入德育之中，可以使德育更加具体、生动，更容易被小学生所理解和接受。通过实践孝道，小学生可以亲身体验到德育的实际意义和价值，从而更好地培养出良好的道德品质和行为习惯。

2. 最能做的行动

德育转化为实际行动是一个具有挑战性的过程，尤其是对于小学生来说，他们的认知能力和接受程度有限。相比之下，孝育的实践性和可操作性更强。例如，小学生在家中可以向父母问好，关心他们的健康状况，或者承担一些力所能及的家务劳动，以此来实践孝道。这些具体的行动不仅有助于培养小学生的责任感和感恩之心，同时也能为他们在学校中学习和理解德育要求奠定基础。

在家中践行孝道，小学生得以将孝道的理念从内心深处转化为实际行动。当他们踏入学校后，这些已经内化的道德品质将引导他们更好地领悟和遵循德育的教导，从而自觉遵守学校的各项规章制度，积极参与各类德育活动。这种方式让孝育在德育与日常行为之间搭起了一座桥梁，使得德育更加贴合小学生的日常生活，并显著提升了德育的实际效果。

孝，可以是最简单、最日常的小事，却也能产生深远的教育意义。相较于德育中复杂理论的落实，孝育的方式更为直接和易于操作。它从小事做起，让德育的理念在日常生活中得以实践和体现，为小学生提供了更为直观和具体的德育学习途径。

综上所述，孝文化蕴含着深厚的内涵，其传承对于培养学生的品德教育和班级管理具有举足轻重的作用。因此，教师应该加强班级管理的建设，通过日常生活中的点滴细节，积极弘扬孝文化，以润物细无声的方式，推动每个学生形成优秀的道德品质。将孝文化融入班级文化的建设中，能够像源源不断的活水一样为班级注入新的活力和内涵。这种独特的班级文化将成为班级管理的一大亮点，让班级环境充满温暖与和谐。通过这种教育方式，我们不仅能够培养学生的孝心和家庭责任感，还能促进班级内部的团结和凝聚力，为学生们创造一个更加积极向上的学习氛围。

帆影书香 知海航心

——班主任带班育人方略

深圳市福田区荔园小学（百花） 许冰霜

【情境再现：案例回放】

教育如同一条河流，承载着社会的希望与未来的可能。而在这条河流中，教师就是那位执舵的舵手，引领着学生驶向知识的海洋，引导他们成长为有价值的人。小学高段是孩子们身心发展的重要时期，他们的思维情感、社交能力和自我认知情感都在发生着显著的变化。班主任应该及时引导每一位学生健康成长，走向正确的方向，承载着梦想扬帆起航。因此，我树立了"扬起梦想之帆，起航筑梦之旅"的带班育人理念。

【寻根溯源：案例分析】

四年级接班后，通过一段时间的相处，学生之间、学生和教师之间已经比较熟悉，相处也比较融洽和谐。我所带的班级由38位学生构成，其中20位男生，18位女生，男女比例比较均衡。在班级纪律方面，大部分学生可以自觉主动遵守班级纪律，但是仍有少部分学生律己不严，纪律性较差，需要继续加强教育；在班级学习方面，大部分学生学习勤奋好学、积极努力，学习成绩有所提升，但是也有少部分学生学习基础薄弱，在学习上有较大困难，这些学生缺乏学习的目的和兴趣，需要班主任和各科教师紧密配合，多鼓励、督促学生自主学习；在人际交往方面，大部分同学之间可以和睦相处、团结协作、互帮互助，但是有少部分同学缺乏团队意识、性格孤僻，经常与同学发生矛盾，还需要班主任正确引导。

【出谋划策：解决方法】

（一）确定班级育人目标

了解了班级学情之后，我确定了育人总目标：全体同学都能拥有明确的学习规划，营造积极进取的学习氛围，养成良好的行为规范，形成一个团结友爱、纪律严明、求实创新的班集体。班级发展目标不是一朝一夕就能实现的，为此我还进一步设置了短期、中期、长期三个层次的具体目标。

1. 短期目标

班级发展的短期目标是树立个人信念，服从班级管理，增强班级凝聚力。通过帮助学生树立积极的个人信念，他们将更有动力去追求自己的目标，发展自己的潜力，并在面对困难时不轻言放弃。学生服从班级管理，能够保证教学和学习的正常进行，减少冲突和不良行为的发生。同时，服从班级管理也有助于培养学生的自律和责任感。一个凝聚力强的班级能够营造积极向上的氛围，促进学生之间的合作和互助，班级将更加和谐、稳定、有活力。

2. 中期目标

班级发展的中期目标是营造良好氛围，创建良好班风，增强学习主动性。一个积极、和谐、支持和鼓励的氛围对学生的成长和发展至关重要。营造良好的氛围，有助于激发他们的学习热情和参与度。班风是指班级内学生的行为、态度和价值观的总和。一个良好的班风能够培养学生的自律、合作和团队精神。学习主动性是学生积极参与学习、主动探索和追求知识的能力。增强学习主动性可以激发学生的学习兴趣，提高他们的学习效果。

3. 长期目标

班级发展的长期目标是树立远大理想，创建荣誉集体，增强集体信念感。远大理想能够引导学生不断努力学习，发展自己的才能，并为实现个人目标而不懈努力。当学生意识到自己是班级的一分子，并且班级的荣誉与个人息息相关时，他们会更积极地参与班级活动，维护班级的形象和声誉。通过增强集体信念感，学生们能够更加紧密地团结在一起，相互支持和鼓励。集体信念感能够激发学生的积极性和创造力，使他们愿意为实现班级的目标而共同努力。

（二）制定班级实践策略

1. 做温暖的班主任，促进师生情感交流

爱是教育的真谛，没有爱就没有教育。班主任应以爱为出发点，关注学生的成长和发展，关心爱护每一位学生，与学生进行真诚的沟通和交流，了解他们的内心世界和需求，用温暖的行动感染学生，建立起互相信任的师生关系。只有这样才能真正走进学生的心灵世界，成为他们的良师益友。

（1）用爱感化，与学生共同成长

爱是一种世界通用的语言，不管是家长还是教师，都知道爱对孩子的重要性。要有一颗仁爱之心，爱是教育的灵魂，没有爱就没有教育。我认为教师只有关爱学生，才能教育好学生，才能使教育发挥最大的作用。作为班主任更是如此，必须设身处地地站在孩子的立场上思考问题、分析问题，才能真正理解孩子的困难、愿望和诉求，爱的关心才能落到实处。

班上有一个学生因为一次意外脸上留了疤痕，经常受到同学的嘲笑，后来我把他们叫来，教育他们这样是不对的，不应该嘲笑别人，应该给予尊重，不能为了自己的快乐而伤害别人，他们这才意识到这样的同学其实是需要大家去关爱和保护的。我觉得学生本质上都是善良的，只不过缺乏一个合适的"引路人"。我在班主任工作实践中，用爱呵护一个个纯洁心灵，像他们的朋友一样，善于倾听学生的声音，了解他们的内心世界，学生们则能树立自信，感觉到亲切和温暖。

（2）一视同仁，与学生亦师亦友

"植而不修则歪，教而不育则差，育而无方则罔。"在教学和管理班级过程中，我会做到不仅要爱学习好的学生，还要爱纪律性差、有不良行为习惯的学生，杜绝偏爱优生与歧视学困生。对待一些学困生，我总是不厌其烦地用爱心感化他们、关爱他们。我不是一味地批评指责他们的过错，而是对他们的优点、成绩都及时加以肯定，使他们自己能够看到自己的闪光点，多表扬，少批评，不伤害他们的自尊心和自信心。

我们班里有一个学生，总是不遵守课堂纪律，搞一些小动作影响其他同学学习和教师的讲课进度。其他同学都不爱和他接触，各科教师也经常会向我反映他的"劣迹"。我把他叫过来，认真了解他的实际情况，分析其中原因，听取他的心声，分析了他身上存在的问题和不足，及时帮他指正，和他共同制订计划，并付诸行动。在我的严格要求下，他改变了许多，作业能够认真完成了，各科教师也向我反映他上课会认真听讲了，不像原来那么不遵守纪律了。虽然进步不是很大，也很慢，但只要班主任不放弃他，适当严格，给予他耐心引导，相信他总会回归正轨的。

2. 做模范的班主任，创建班级和谐氛围

学生在学习成长的过程中难免会遇到困难和挫折，也可能会犯错或迷失方向。班主任要及时发现学生的问题，并给予正确的引导，帮助他们重回正轨。这需要我们以身作则、循循善诱，只有这样，才能赢得学生的信任和尊重，让他们愿意倾听我们的想法和观点，并认同我们的教育理念。

（1）身体力行，言传身教

教师的一言一行、一举一动都会直接影响学生们的思想行为，都会给他们留下深刻的印象，对他们的思想、行为产生潜移默化的作用。班主任经常和学生打交道，要靠自身的表率作用吸引学生，影响学生。"亲其师而信其道"，在学生面前树立威信，管理好学生和班级，班主任必须树立自身良好的形象，用自己的实际行动来感染学生、带动学生。作为班主任，我们不仅要在言行举止、衣着穿戴方面起到表率作用，还要提高自身的修养，为学生起到良好的榜样示范作用。

（2）不断学习，提升能力

为人之师，要特别注重自身的学习，要成为真正能立德树人的人民教师，任何时候都应该处于特别勤奋学习的状态，只有自己拥有丰富的知识储备，才能让学生学到更多，才能更好地传道授业解惑。像春雨一样，能够不断给予学生营养，润泽学生思想、滋养学生心灵，从而达到"润物细无声"的效果。平时我会不断学习本专业知识，加强校内外听课，虚心与本校同学科教师交流上课心得，取长补短，及时对每天的教育教学活动进行反思和改进，提高自身的业务水平。同时也在不断优化班级管理方法和对学生的教育方法，提高自己作为班主任带班治班的能力。

3. 做细致的班主任，呵护学生幼小心灵

育人的过程是培养学生知、情、意、行的过程，必须以情感作为促进学生个人行为的内驱力。因此，要想育好人，首先就要求教师自身充沛着健康、丰富的感情。在"情"的基础上，情理相衡，也是育人过程中不可缺少的重要方法。小学阶段的学生心思比较细腻敏感，这就需要班主任足够细致，打开学生心扉，建立起师生情感沟通的桥梁，学生才能真正接受教师，教师才能走进学生的内心。

（1）善于倾听学生心声

苏霍姆林斯基说过："教育艺术的基础在于教师能够在多种程度上理解和感觉到学生的内心世界。"倾听不失为一种最好的方法，我们教师应该积极去听，与学生交谈，从中了解学生的某些动向。可不少教师总认为

学生是小孩子，不乐于倾听他们的谈话，特别是学生犯错误时，更是不给他们说话的机会，任凭自己对学生大加训斥，这样很不利于教育好学生。我自己也有这样的问题。

有一次，预备铃都响过了，班里的刘强同学还没来，同学们都在专心地读书，这时刘强气喘吁吁地跑来，当时我有些生气，因为他经常迟到，昨天找他谈话时，他保证说再也不迟到了。"你自己看看，现在都几点了。这又是第几次了？不用再解释了！"我没等他解释便训斥了他一顿，然后就让他回到座位，再也不理会他了。课后才了解到，他昨晚病了，凌晨到医院去挂水，所以才来晚了。知道事情的真相后，我后悔自己没有听完他说的话，随即我当着全班同学的面郑重向他道歉，而他也感觉挺不好意思，从那以后再也没有迟到过了。

（2）深入了解学生内心

教师对学生的了解不应该只浮于表面，更不应该给学生贴所谓的"标签"，比如这个学生一直都不爱学习，就会调皮捣蛋影响纪律，那个学生性格孤僻，总是在座位上不爱走动，不与同学们交流……应该深入去了解学生的情况，走进他们的内心，了解学生的需要，当学生觉得自己被人重视关心，而不是忽略遗忘的时候，就会产生欣喜之感，乐意敞开心扉与教师沟通。

我们班前段时间有一个女生刚从外地转来，她自小父母离异，跟着父亲生活，性格很内向，在班里是个"小透明"，不与其他同学接触，总是一个人坐着发呆。我发现了这个情况后，先是打电话与她的父亲进行沟通，了解她在生活中的表现和性格，然后又找她谈话，了解她的困扰，给予她关怀和温暖，让她知道她不是一个人在面对问题。在课堂上，我也会给予她更多的参与机会，鼓励她发言，参与讨论或者小组活动，帮助她逐渐融入班级，增强自信心。慢慢地，她打开了自己内心，变得爱笑、爱说话了，能够快乐地学习和生活。

4. 做勤奋的班主任，形成家校共育模式

苏霍姆林斯基说："只有学校教育而没有家庭教育，或者只有家庭教育而无学校教育，都不能完成培养人这一极其艰巨而复杂的任务。"学生的成长离不开家庭的影响，家校共育的优势在于，家庭和学校可以互相协作，共同培养孩子。家庭和学校的合作可以充分发挥学生的潜能，提高学生的学习成绩和生活品质。

（1）多元形式，形成教育合力

我会通过电话、微信、家访、家长会等形式，积极与家长联系和沟通，向家长了解学生的家庭情况以及在家里的表现，记录同学们在学校的日常表现，并分享给家长，同时也会跟家长交流一些育人的方法，形成教育合力，共同促进学生的成长。

（2）家校管理，推行民主制度

为了能够进一步增加家校之间的合作与沟通，充分调动家长与班主任共同管理孩子的积极性，同时也为了促进民主管理，充分尊重家长们的意见和建议，在家校共育的基础之上，我和家长们共同选出了几名经验丰富的家长来担任家长委员会的成员。我会和家长委员会的成员定期召开会议，向他们汇报班级的各项工作以及管理方式，然后再由成员与其他家长进行信息共享和沟通交流。这种方式能够有效地提高家校合作之间的效率，同时也充分尊重了家长的意见。

【指点迷津：教育思考】

育人策略固然重要，而更重要的是方法中要浸润着爱心，管理中要流淌着智慧。在带班育人的过程中，我为孩子们打造暖意浓浓的班集体和班级文化，彰显小队个性，打造中队特色，开拓出属于自己的班级特色，让孩子们在温馨的班级中慢慢成长。具体做法如下。

（1）构建班级文化——安得五彩虹，驾天作长桥

为小彩虹的成长营造良好的氛围。

班级精神其实就是班级发展的核心理念，更是一个班级的灵魂，可以凝聚人心、鼓舞士气、激发斗志。将彩虹班级精神作为行为和价值准则，我们还为此设计了多项感受班级精神的文化活动，见下表：

序号	文化项目	具体表现	精神体现
1	彩虹阅读	《诚信系列》	诚信
2	彩虹剧场	如果时光可以倒流	自律
3	彩虹拍卖会	闲置物资义卖	诚善、知爱
4	彩虹报	特色暑假作业	自律
5	彩虹才艺	绘画、音乐、舞蹈	友善

（2）构建小队文化——长风破浪，浩气展虹霓

为班级的自主管理培养班干部，也为小彩虹的成长提供舞台。

班级的管理应该是由学生当家做主，教师的任务是协助他们自主管理，在自主管理的过程中，培养学生的能力。小队的形成是给学生一个正向的小团体，让他们互相帮助，共同进步。班级公务栏上张贴了课程表、作息时间表、学习小组加分细则、值日表、班级精细化管理表等，同学们可以在这里了解各项班务工作安排，让班级管理井然有序。

（3）构建个人文化——谁能乘六气，万里信扶摇

鼓励小彩虹能够个性化发展，不断成长，扶摇直上。

班级管理要坚持"我的班级我管理""班级是我家，爱护靠大家"的理念，实行岗位责任制。其基本原则是符合班级精神的行为将获好评，反则需要加强。每周评选优秀小组，予以奖励。

经过三年的实践，我们班级成了一个蓬勃向上的集体，拥有良好的班风班貌。

在学生成长方面，一是学习态度认真，学习进步飞快；二是习惯性格

改善，同学团结友爱。在班级纪律建设方面，我们已经形成了一套成效显著的班级自主管理模式，同学们也能根据管理制度自觉地主动约束自己，规范自身。在班级文化建设方面，师生共同讨论形成了班级的班歌、班级图书角、班级口号等，班风建设得到有力推动。

在以后的教学中，我将继续潜心育人，引导学生健康成长，找到正确方向，扬起梦想之帆，驶向更广阔的海洋！

构建阅读共同体，激发班级建设新活力

深圳市福田区景鹏小学　彭佩

在当今社会，阅读已成为个体获取知识和信息、培养文化素养、提升综合素质的不可或缺的途径。在班级建设中，构建以家长、教师、学生为主体的阅读共同体，对于推动班级整体发展具有深远影响。

这样的共同体能够拉近家长、教师和学生之间的距离，通过共同阅读、分享感受，形成更紧密的联系。家长能够更深入地了解孩子的阅读兴趣，教师能够更有针对性地指导阅读方法，而学生则能在这种互动中激发阅读热情，培养终身学习的习惯。

此外，阅读共同体还能为班级营造积极的学习氛围。通过阅读，学生们能够开阔视野，拓展思维，从而在学习上更加主动、积极。班级的整体学习氛围也将因此变得更加浓厚，形成良性循环，推动班级不断向前发展。

【情境再现：案例回放】

案例一：在家长会上，教师多次推荐家长阅读育儿专业书籍，但许多家长只是表面应和，并未真正重视。然而，当孩子面临成长中的困惑和挑战时，家长却往往期待教师能够迅速解决所有问题。然而，教育并非一蹴而就，它需要家长和教师的共同努力。只有家长自身不断学习和成长，才能更好地理解和支持孩子的教育，从而推动孩子教育的全面发展。因此，班主任们总是呼吁家长们重视自我成长，共同为孩子的未来努力。

案例二：家长常常向教师抱怨，他们的孩子对阅读缺乏兴趣。他们表示，尽管他们尝试了各种方法，包括耐心地劝说和诱导，孩子最多只是敷衍地读几分钟，然后就失去了兴趣，转身去做其他事情。这让家长们感到沮丧和无助，虽然他们深知阅读对孩子成长的重要性，但面对孩子这种情况，他们也是无能为力，希望得到教师的帮助。

【寻根溯源：案例分析】

（一）当代家长不喜欢阅读的原因

1. 时间压力

现代生活节奏快，家长们常常忙于工作、家务和照顾孩子，导致他们没有足够的时间来阅读。他们可能觉得阅读是一种奢侈的享受，而不是日常生活的必需品。

2. 阅读习惯未养成

有些家长在成长过程中没有养成良好的阅读习惯，因此他们可能不认为阅读是一种重要的活动。这种态度可能会影响他们对阅读的看法和选择。

3. 社交媒体的冲击

社交媒体和互联网的普及使得人们可以随时随地获取信息，这可能导致一些家长对传统的阅读方式失去兴趣。他们可能更愿意通过社交媒体和互联网来获取信息，而不是通过阅读书籍。

4. 教育观念的影响

一些家长可能持有固定思维，认为阅读主要是学生和教师的任务。他们认为自己已经长大成人，生活经验和知识积累已经足够，因此没有继续阅读和学习的必要。然而，这种观念忽视了终身学习的价值，没有认识到阅读对成人同样重要。

（二）当代小学生不喜欢阅读的原因

1. 阅读材料的吸引力不足

如果阅读材料的内容枯燥、难以理解或者与小学生的兴趣爱好不匹配，他们就很难产生阅读兴趣。例如，一些书籍的文字过于抽象，内容过于复杂，导致小学生难以理解，从而降低了他们的阅读热情。

2. 家庭环境的影响

家庭环境对小学生的阅读习惯有着至关重要的影响。如果家庭环境中缺乏阅读的氛围，父母不重视阅读，很少陪伴孩子一起阅读，那么孩子就很难形成良好的阅读习惯。

3. 电子产品的影响

随着科技的发展，电子产品在小学生的生活中占据了越来越重要的地位。他们可能会沉迷于手机、平板电脑等电子产品中的游戏、社交媒体等，从而忽略了阅读的重要性。

4. 阅读指导的缺乏

部分小学生在选择阅读材料和方法上缺乏指导，这可能导致他们无法找到适合自己的阅读材料，也无法掌握有效的阅读方法。缺乏指导的阅读过程可能会让他们感到困惑和挫败，从而降低他们的阅读兴趣。

5. 阅读动机的缺失

如果小学生没有明确的阅读动机，比如对某个领域有浓厚的兴趣或者想要了解某个故事，他们就很难产生阅读的欲望。缺乏动机的阅读过程可能会让他们觉得无聊和枯燥。

【出谋划策：解决方法】

班杜拉的社会学习理论为我们揭示了人们如何通过观察他人来塑造自己的行为，而在老师、学生、家长共同构建的阅读共同体中，这一理论得到了淋漓尽致的体现。在这样一个阅读共同体中，每个人都是彼此的学习对象和模仿的榜样。教师不仅是知识的传授者，更是阅读的引领者。他们通过精心挑选阅读材料，用富有感染力的语言和表情为学生朗读，引导学生感受阅读的乐趣。同时，教师还会分享自己的阅读方法和心得，让学生在观察中学习到如何更好地阅读。

类型	内涵	例子
直接的观察学习	对示范行为的简单模仿，即对外部动作的复制粘贴	豆豆看见明明唱《小白船》，于是他也唱《小白船》
抽象性观察学习	观察他人行为，从中获得规则或原理，最后表现出符合该规则原理的某种类似行为	豆豆看见明明帮教师分发玩具受到表扬，知道帮助他人会获得表扬，于是豆豆帮老师扫地
创造性观察学习	对各个不同榜样的行为特点进行新的组合，从而形成一种全新的行为方式	豆豆看见明明在唱歌，花花在擦桌子，于是豆豆边唱歌边擦桌子

学生们在这样的环境中，通过观察教师的阅读行为和态度，逐渐形成了自己的阅读习惯和兴趣。他们模仿教师的阅读方式，学习如何挑选适合自己的书籍、如何调整阅读速度、如何深入理解文本内容。此外，学生们之间也会互相观察、学习和模仿，他们会在课堂上分享自己的阅读感受，互相推荐好书，形成一种积极向上的阅读氛围。

家长在阅读共同体中也扮演着重要的角色。他们不仅是孩子的监护人，更是孩子阅读的陪伴者和指导者。家长要与孩子一起阅读，分享阅读的快乐，引导孩子深入理解文本内容，同时也要观察孩子的阅读行为和态度，及时给予指导和帮助。

在这样的阅读共同体中，教师、学生和家长都成了彼此的观察者和学习者。他们通过观察他人的阅读行为和态度，学习如何更好地进行阅读，同时也将自己的阅读经验和心得分享给他人，形成一个良性的互动和循环。这样的阅读共同体不仅能够提高学生的阅读能力，更能够培养学生的阅读兴趣和习惯，为他们未来的学习和生活打下坚实的基础。

那么教师作为阅读共同体的主导者，应如何构建这个阅读共同体呢？

（一）家校共读

家校共读是一项旨在提升家长家庭教育能力，促进家校沟通，以及为孩子树立学习榜样的活动。具体措施如下。

首先，教师会精心挑选一系列育儿书籍，确保这些书籍内容既科学又实用，能够真正帮助家长解决育儿过程中的疑惑和难题。书籍的选择将涵盖不同年龄阶段的孩子，以满足不同家长的需求。从古老的《颜氏家训》，到现代的《如何说，孩子才会听》和《正面管教》，这些书籍都旨在帮助家长更好地理解和引导孩子。

家校共读指引（2024.05）

共读书目：《颜氏家训》
共读时间：2024.05—2024.08
共读方式：线上朗读+线上分享+释疑答疑

- 线上朗读：每天学习一小节。
  原文读3~5遍，译文读2~3遍。
- 线上分享：学习完一个篇章，写读后感一篇。
- 释疑答疑：在阅读的过程中，大家有疑问，可以随时在群里提出。
- 建议：可以一边阅读一边批注（随时记下自己的阅读感受）

学习打卡说明：
操作步骤：
1. 微信—收藏—笔记
2. 手机录音成文件，再发群里。

备注：
- 出版说明，前言和目录，也要读一读，看一看。读完，会对《颜氏家训》有一个大概的了解。

通过共读经典，我们即将遇到那个更好的自己！共勉！

浅谈经典阅读

各位家长朋友，大家好！
关于读经典书籍，彭老师有几点想法，跟大家聊聊明明白白。
咱们读老祖宗流传下来的经典书目，需要有两种心态：1.恭敬之心 2.空杯之心

经典之所以被称为经典，被流传上千年，没有在历史的大浪中消失殆尽，反而，穿越历史的洗礼，更加熠熠生辉。为什么呢？因为经典存留着的精神力量，强大不可摧！每一个读者，只有心存敬畏，才能学有所获。如何空杯？作为成年人，我们在尘世摸爬滚打已数十年，咱们的世界历练各不相同，看待事物的角度也不尽相同。"横看成岭侧成峰，远近高低各不同。不识庐山真面目，只缘身在此山中。"我们的阅历在丰富我们内心世界的同时，也会不同程度地局限我们的思维和见识。如果只通过自己的人生经验，或者借鉴身边人的人生经验，终究还是会陷入"一叶障目"的困惑中。所以，我们需要让自己空杯，以赤子之心求智慧之泉。

学习古圣贤经典，就如同"站在巨人的肩膀"俯瞰人生，"登泰山而小天下"，其高度，其气概，自然不同。同时，学习经典，重在"取其心法"，而非批判其不合时宜的"外形"。就比如，我们学习雷锋精神，并不是要求我们像雷锋同志一样，在铁皮火车上做好事，而是，通过学习，传承雷锋同志的大爱精神，扩宽自己的胸襟。我们的思想和心态，不掩泥于眼前的困顿或者安逸。"以铜为镜，可以正衣冠；以史为镜，可以知兴替；以人为镜，可以明得失。"读经典的目的，不是炫耀学识，也不是丰富词汇，而是以恭敬之心，以空杯之态，取其精神力量，内化于心、外成于行，不断地修正言行，改变知见，遇到那个更美好的自己，进而成为孩子眼中心中学习的榜样。

共勉！

其次，教师建立一个微信群作为家校共读的交流平台。在这个平台上，教师会定期发布共读计划，包括每周的阅读进度、讨论主题等。家长们则可以根据计划自行安排阅读时间，并在微信群中分享自己的阅读心得和体会。

共读方式将采取线上线下相结合的方式。线上，家长们可以在微信群中分享读书笔记、讨论育儿问题；线下，则可以组织面对面的读书会，让家长们有机会更深入地交流和分享。此外，在家长会上，我们还会邀请教育专家或优秀家长进行线上讲座或线下分享会，为大家提供更专业的指导和建议。

家校共读活动鼓励教师与家长共同参与，共同学习。教师不仅是知识的传播者，更是家庭教育的指导者。通过共读，教师可以引导家长深入理解家庭教育的核心理念和方法，从而在日常生活中更好地应用。同时，家长的积极参与也能为孩子树立持续学习、终身学习的榜样，促进家校之间的紧密合作。

（二）师生共读

教师精心挑选一系列与学生年龄段相匹配的优秀书籍，这些书籍不仅内容充实、情节引人入胜，而且极富创意，能够点燃学生的想象力并激发他们的深度思考。例如，一年级的学生们对《我爸爸》《我妈妈》系列、《神奇的马桶》系列、深见春夫的超级想象力系列以及《乌鸦面包店》系列等绘本情有独钟。这些绘本文字简练，插图丰富，内容生动有趣，深受孩子们喜爱。

为了确保共读活动的顺利进行，教师制订了详细的共读计划，包括明确的阅读进度、具体的阅读任务以及富有启发性的讨论主题。每周，老师都会安排专门的阅读课和绘本读写课，与学生们一同沉浸在书海中。在共读的过程中，学生们积极分享自己的阅读体会和感受，这不仅能锻炼他们的表达能力，还能进一步加深他们对书籍内容的理解和感悟。

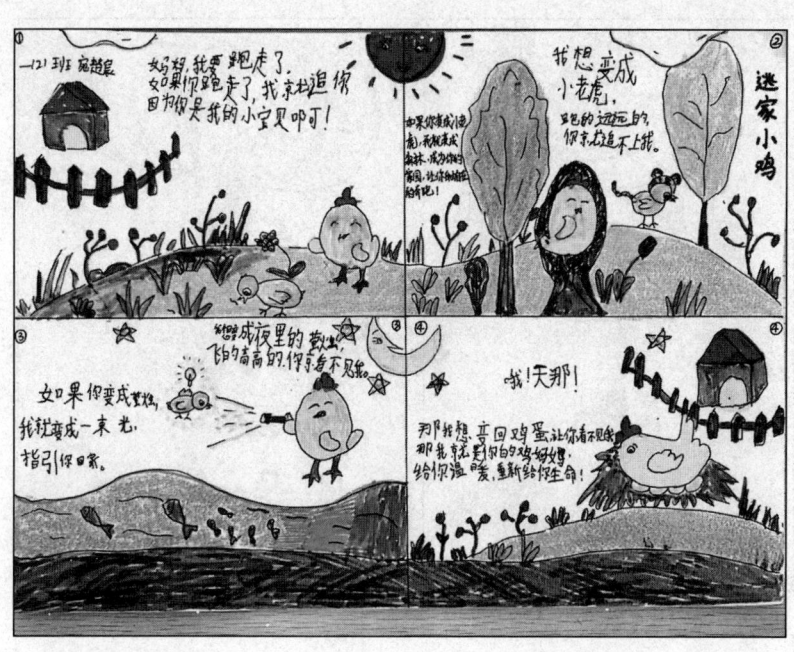

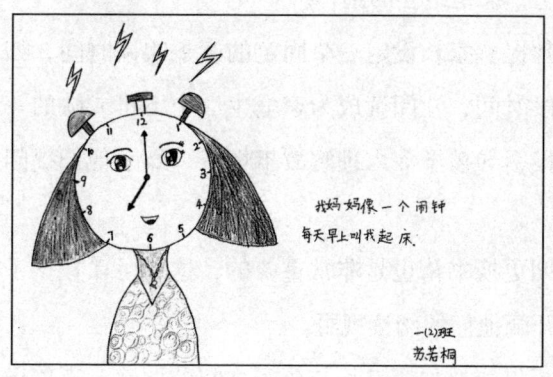

学校也积极组织多样化的共读活动,如阅读分享会和读书笔记展览等。这些活动为学生们提供了一个展示自我、交流心得的平台,让他们在轻松愉悦的氛围中享受阅读的乐趣。通过参与这些活动,学生们的阅读能力和素养得到了进一步提升,良好的阅读习惯和阅读兴趣也在点滴之间悄然累积。

(三) 生生共读

生生共读是一种鼓励学生之间互相学习、分享阅读乐趣的活动。在这种模式下,每个孩子都会选择一个阅读伙伴,两人共同选择一本书进行阅读。

在这个过程中,孩子们不仅可以相互鼓励,一起坚持阅读,还能在共读的过程中互相交流心得和感受。他们可以一起探讨书中的故事情节,分享彼此的看法和观点。生生共读不仅提高了孩子们的阅读兴趣和阅读能力，还促进了他们之间的友谊和合作。孩子们在共同阅读的过程中，学会了倾听、尊重和表达，培养了他们的沟通能力和团队协作能力。

（四）亲子共读

首先，教师引导家长精心挑选书籍，确保它们既符合孩子的年龄和兴趣，又富含教育性和趣味性。例如，《逃家小兔》的奇幻冒险，《爷爷一定有办法》的智慧启示，《爱心树》的温暖情感，以及《猜猜我有多爱你》的深情表达，都是绝佳的选择。

其次，教师提醒家长设定一个固定的亲子阅读时间，如每晚睡前温馨的半小时。这段时间，让阅读成为家庭生活中不可或缺的一部分。在阅读时，家长应积极引导孩子深入理解故事情节，鼓励他们提问，分享自己的见解和感受。

最后，定期更换书籍也是非常重要的，这样可以让孩子接触到更广泛的阅读领域，开阔他们的阅读视野。

亲子共读不仅能够加深家长与孩子之间的情感，还能极大地激发孩子的阅读兴趣，帮助他们养成良好的阅读习惯。这样的阅读时光，将成为孩子成长过程中宝贵的回忆。

【指点迷津：教育思考】

构建家长与教师、教师与学生、学生与学生、家长与学生之间的阅读共同体，对于激发班级建设新活力具有显著而深远的影响。

首先，这种阅读共同体能够加强家校合作，增进家长与教师之间的沟通和理解。通过共同阅读，家长能够更深入地了解孩子在学校的学习内容和学习状态，而教师也能更全面地了解学生的家庭背景和兴趣爱好，从而在教育过程中更加贴近学生的实际需求。

其次，阅读共同体能够促进学生之间的交流和合作。在共同阅读的过程中，学生们可以互相分享阅读心得，交流对书籍的理解，这种互动不仅加深了学生们对书籍内容的理解，也锻炼了他们的沟通和协作能力。同时，学生们在交流中还能发现自己的不足之处，从而激发他们更加努力地学习。

再次，阅读共同体能够激发学生的学习兴趣和阅读热情。家长和教师的参与为学生树立了良好的榜样，他们的鼓励和支持能够激发学生的阅读兴趣和积极性。而学生之间的交流和互动则能够进一步激发他们的阅读热情，使他们更加热爱阅读，享受阅读的乐趣。

最后，阅读共同体能够增强班级的凝聚力和向心力。通过共同阅读，学生们形成了一种共同的文化认同和集体归属感，这种凝聚力有助于班级更好地团结一致，共同面对学习和生活中的挑战。同时，阅读共同体还能够为班级创造一种积极向上的学习氛围，搭建一个充满书香气息的学习空间，会给班级建设注入源源不断的活力。

班级环境之光,照亮品格之路

深圳市南山实验教育集团前海港湾学校　施碧冰

【情境再现:案例回放】

三年级中途接班,走进教室一看,我有种想撤退的冲动。只见黑板上多处有刮痕,教室四周墙上有多个窟窿和学生留下的刀刻签名,许多桌椅边沿有多处尺子割过的痕迹,柜台上有一堆又一堆的纸屑,书架上书不多但有的横放、有的竖放、有的打开摆在上面,讲台上粉笔乱丢,地上的纸屑、倒掉的水、乱摆的水杯……不禁让人怀疑走进去的是一个荒废的地方。当目光扫描到学生在教室里追逐打闹,书本作业本练习卷到处飞,黑板上的板书字迹不够清晰时,才明白这真的是一间教室。但这真的是一间适合学习的教室吗?不出我所料,很快就从任课教师和学生那里了解到这个班级在学习、纪律、班级凝聚力诸多方面都有很大的提升空间。

【寻根溯源:案例分析】

皮亚杰的发生认识论,强调了认知发展与环境之间的相互作用。人类的认知发展是一个适应环境的过程,个体通过与环境的互动来不断调整自己的认知结构,从而实现对环境的认知和理解。学生在教室里进行学习,教室的环境会影响学生的学习态度和效率,影响他们的审美。一个明亮、整洁、舒适的教室能够让学生感到放松和愉悦，有利于他们集中精力进行学习。相反，一个嘈杂、拥挤、杂乱的教室则会分散学生的注意力，影响他们的学习效果。

皮亚杰将认知发展分为四个基本要素：图式、同化、顺应和平衡。图式是指个体对世界的认知结构，教室环境应该是一个丰富多样的信息源，能够提供给学生各种不同类型的信息，从而帮助他们构建和扩展自己的图式。例如，教室的装饰可以包括各种学科的图表、模型、艺术作品等，这些都能激发学生的好奇心，促使他们去探索和理解新的信息。同化是指个体将新信息纳入原有图式中的过程，一个有利于同化的教室环境应该鼓励学生将新知识与已有知识建立联系。教室中的学习资源，如图书馆、互联网接入等，方便学生查找和获取与新知识相关的信息，以促进同化过程。顺应则是指个体在面对新环境时，需要调整原有图式以适应新环境的过程，一个有利于顺应的教室环境应该鼓励学生接受挑战和变化，培养他们的适应能力和创新精神。班级营造一个安全、包容、支持性的氛围，让学生敢于冒险、尝试和失败，从而培养他们的创造力和批判性思维。平衡则是指个体通过同化和顺应来保持认知结构的稳定性和灵活性。一个有利于平衡的教室环境应该既能提供给学生足够的信息和刺激，以促进他们的认知发展；又能给予他们足够的支持和指导，以帮助他们应对挑战和困难。营造一个既富有挑战性又充满支持性的学习环境，有助于学生保持认知结构的平衡发展，既能够巩固和扩展已有知识，又能够不断适应新的环境和挑战。因此，教室环境对学生的认知发展、学习成效以及思想品格的塑造具有重要影响。教师应该根据皮亚杰的认知发展理论，创造一个有利于学生与环境互动的氛围，通过提供丰富多样的信息和刺激、鼓励同化和顺应过程、保持认知结构的平衡发展等方式，来促进学生的全面发展。

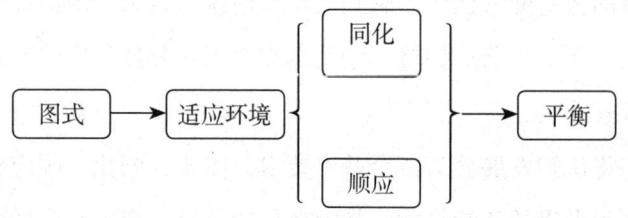

心理学家和教育家约翰·洛克指出，不良的环境会让学生沾染不良的行为和习惯。我国著名教育家陶行知也指出，教育的最大任务是塑造美好的环境。我们认为，当学生长期生活在环境优美的教室时，会在潜移默化中养成文明的美好品质，并自觉去维护这种美好的环境；当学生长期生活在环境恶劣的教室时，会做出一些不道德的行为，不但不会保护教室的环境，还会成为破坏者之一。

作为一位班主任，若想打造有凝聚力、积极向上的班集体，必须重视班级环境建设。班级环境建设属于班级文化建设范畴，班级文化建设包括显性文化建设与隐性文化建设。显性文化建设包括班级教室的分区与实物布置，隐性文化建设包括班名、班徽、班歌、班级公约、班级口号、班级微团队、班级吉祥物等。班级环境建设也必须考虑显性与隐性的文化建设。

【出谋划策：解决方法】

（一）班级隐性文化建设

班级文化建设，隐性文化先行。班级存在诸多问题，先从环境入手，但每一处教室的布置都蕴含着设计者的追求。因此，隐性文化必须先做好设计。首先组织全班商讨班名是什么，班级公约简明扼要地列哪几项，班级口号取哪个最响亮，班级微团队怎么分组与取名，班级吉祥物公开投票选择，再寻有美术和信息技术特长的学生设计电子班徽，找有文学与音乐特长的学生选班歌曲子与改歌词，编一首属于本班特色的班歌。当班级的多种文化标志都让大部分学生参与时，他们会渐渐对班级的建设有更多期待。以下是该班的班级隐性文化建设。

班名：星河班

班徽：

班风：谦谦学子，未来栋梁，探索星河，齐学共进。

学风：怀揣梦想，仰望星河；心之所向，素履以往。

班训：求索的道路必定漫长崎岖，求索的梦想必要恒久坚定。

口号：星辰大海等我探索，时不我待只争朝夕！

星河微团队名与"星"品格
水星：灵活　灵性　好奇　　　（团结友爱）
火星：勇敢　热情　　　　　　（积极进取）
木星：乐观　自信　　　　　　（乐观向上）
土星：担当　勤奋　　　　　　（勤学多思）
海王星：探索　　　　　　　　（乐学好问）
天王星：创新　革新　　　　　（守正创新）

（二）班级显性文化建设

可以通过三种手段为学生打造良好的教室环境，即修复、分区布置和反馈与维护。

1. 修复

发动家长义工与学生义工周末购买白漆，把教室里里外外粉刷一遍，一些小窟窿也补平再刷大白。学生在家长的陪伴下，经过一番劳动让教室焕然一新，心里很欢欣，也更懂得珍惜来之不易的劳动成果。刷墙以前，提醒学生不要用脚去踢墙，不然容易留下脚印，不用刀与尺子刻字或挖洞，效果不佳。自从刷完大白，墙上没有一个洞或污点，哪位同学都不想成为第一个玷污它的"罪魁祸首"。这也许就是"破窗效应"吧？

2. 分区布置

教室分成阅读区、卫生区、作业区、桌椅区、讲台区、走廊区六个区，一个微团队负责一个区的建设。各微团队设计负责区域的改善方案交给教师审核，采购经费使用班费向家委报销。一场"我是班级小主人"的微团队分区建设活动火热展开，讨论、采购、布置、晒图……学生的创意时常让我惊喜万分，教室里种豆芽、搭积木、养仓鼠，植物有养护提示，仓鼠有观看公约。用透明软塑桌布遮住桌面无法抹平的划痕，用精美的中国朝代史思维导图、唐诗三百首长卷修饰柜台面的"千疮百孔"。

3. 反馈与维护

学生的劳动成果需要得到认可，班级的文化氛围建设重在维持。一场关于班级文化建设的主题班会必不可少。当分区建设基本完毕时，学生们走进教室都会谈论每一点新添的布置，有的还猜测布置的目的，比如这些贴着姓名贴的格子是不是要让我们写上推荐书籍的书签？星河学子成长记录本里要放些什么呢？主题班会除了各微团队分享区域布置的用意以及说明需要同学们配合做哪些事外，还提醒同学们如何更好地清洁、摆放与维护教室各区物品。

星河班环境布置如下图所示。

活动、文化两手抓——班级建设

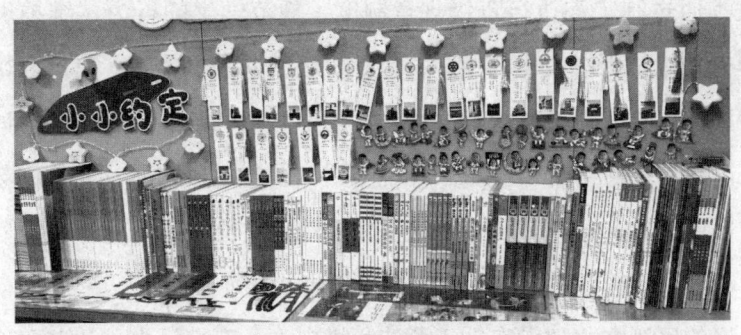

一个学期过去了，教室的墙壁依然洁白无刮痕，教室里的物品也维护得很好，学生的着装也整洁大方，课堂纪律受到许多任课教师的表扬，班级多次获得"文明班"荣誉。班级文化建设在促进学生转变和成长方面发挥着奠基的重要作用。

【指点迷津：教育思考】

班级文化是学生通过一系列活动逐渐形成的共同的宗旨、信仰、态度、行为标准等价值观以及特有的群体氛围和风格。良好的班级文化可以促进班级内部的和谐、协作氛围，提高班级的凝聚力。它包括物质文化、制度文化、精神文化和活动文化。物质文化主要体现在教室环境、卫生状况、布置装饰等方面，为学生创造一个整洁、美观、舒适的学习环境。制度文化是通过制定和执行班级规章制度，规范学生的行为，维护班级秩序。精神文化是班级文化的核心，包括班级的共同价值观、信念和精神面貌。活动文化则是通过各种班级活动，增强学生的归属感和团队意识，促进班级内部的交流与合作。班级环境布置，既包括目之所及的物质文化，也蕴含制度文化、精神文化、班级文化、活动文化。前者属于班级显性文化，后者属于班级隐性文化，两者相辅相成、不可分离。

良好的班级文化建设有助于营造积极向上、充满活力、和谐融洽的班级氛围，促进每个学生健康成长与全面发展，对培养学生的核心素养与综合能力有意想不到的积极作用。

教师应该注重培养学生的主体性和创造性，鼓励他们积极参与到班级文化的建设中来，共同塑造一个独具特色的班级文化。同时还应该注重班级文化的传承和创新，使班级文化能够与时俱进，不断焕发新的生机和活力。

浸润式班级建设助力儿童全面发展

深圳市福田区荔园小学（玮鹏） 薛怡

【情境再现：案例回放】

在深入理解卢梭的"自然教育"理念，并结合皮亚杰的道德认知发展理论后，我以构建"浸润式教育"为模型开展班级建设，旨在全面提升学生的道德、思想、社会交往适应以及心理素质。该模型依托丰富的课程体系和多样的实践活动，注重在日常教育教学中启发学生自觉性和情感体验，使之在自然、文化和社会情境中实现自我教育与成长。

（一）课程润智

常规班会：每月围绕学校德育主题——阳光心灵、友善交际、圆融朴素、自主成长展开，确保活动既具有普遍适用性又针对班级实际需求，通过具体生动的主题班会，引领学生深化道德认知，培养积极的情感态度和价值观。

节气班会：利用中国传统节气及节日资源，设计"节日节气"主题微课，如"春分""清明""芒种""秋分"等。以微课的形式，引导学生在探寻诗词歌赋、体验民俗活动中感知自然律动，体会生活情趣，从而增强对中华优秀传统文化的认同感，培养其珍爱时光、热爱生活的精神风貌。

阅读班会：开设整本书阅读课程，通过线上线下阅读活动，启迪学生智慧，促进其综合素质的提高。结合"圆阅读"体系，选取经典书目，通过文学、历史、科普等多元体裁的教学，让学生在书香中滋养心灵，感悟生活，积淀人文素养。

（二）活动浸润

在重大节日时，我精心策划一系列主题活动，例如结合教师节与中秋节举办"皎皎明月意，礼赞恩师情"活动，以及国庆节的"童心喜迎二十大，撷英集萃扬国威"项目式学习，以丰富多样的形式弘扬中华民族传统美德，增强学生的文化自信和社会适应能力。

结合自然节气特点，我在班级中举办贴近生活的主题活动，如清明时节的"梨花风起正清明"、秋分时的劳动实践，让学生亲身体验传统习俗与农事活动，从中孕育感恩之心，树立环保意识，锤炼高尚情操。

充分利用校园"三周三节"特色活动，将浸润式教育融入学科实践，通过团队合作、交流互动，锻炼学生的社交能力和圆融的思想素质，使他们在活动中形成良好的道德情感和坚定的道德意志。

（三）文化浸润

评语文化：借鉴杜威"教育即生长"的理念，建立个性化评语体系，如常规激励式评语、童诗鼓舞式评语、创意评语形式等，为每个学生提供独特的成长反馈，让每个学期的评价方式充满新鲜感，以多元化评价推动学生的个性发展和内在动力的激发。

主题文化：以班级月度文化布置为主线，营造浓厚的文化氛围。开学季举办特色开学礼，设立富有深意的班级公约，通过设计板报等方式，打造全方位、浸润式的班级环境。每个角落都能成为教育的载体，让孩子们在耳濡目染中深化道德认识，强化道德意志，并体现在日常行为规范上。

该模型展示了如何在班级建设中运用"浸润式教育"理念，通过立体化、全方位的德育实践，促进学生道德品质、人文素养、社会适应能力等综合素质的全面提升。这样的班级建设有助于培养出既有深厚文化底蕴，又具备现代公民素质的阳光少年。

【寻根溯源：案例分析】

卢梭在其教育理论中强调了"自然教育"的核心价值，主张教育应当回归自然，顺应儿童的天性和本能，鼓励他们直接从自然界和社会生活中学习，而非单纯依赖灌输式的教学。本案例中，班主任以卢梭的自然教育理念为指导，创造性地构建了一套浸润式德育班级建设模式，实现了学生道德素质、情感体验和综合能力的全面发展。

课程润智方面，常规班会的设计紧密围绕儿童的心理和道德发展阶段，依据卢梭提出的"尊重儿童个体差异"的原则，设置了阳光心灵、友善交际、圆融朴素、自主成长四大主题，旨在激发学生的主观能动性和情感投入，促使他们在真实情景中体验和领悟道德规范。而节气班会的创设更是体现了卢梭自然教育的精髓，通过带领学生亲历自然节律，挖掘传统节日文化内涵，让学生在"过节"的过程中自然习得道德认知和社会情感，与自然环境建立起和谐共生的关系，同时也锻炼了他们的自主探究能力和实践创新能力。

而活动浸润策略体现了"教育即生活"的理念。无论是重大节日还是日常生活中的节气活动，均遵循自然教育的路径，让学生在积极参与和深度体验中培养对中华文化的认同感，磨砺品格，塑造健全的人格。这些活动不仅仅是知识传授，更是一种生活教育，让学生在自然和社会的大环境中自主成长，符合卢梭倡导的"教育应当是自由的，它应使人在自然的状态下获得最适宜的发展"。

再者，阅读班会和文化浸润也充分借鉴了卢梭的教育理念。阅读不仅是获取知识的过程，也是心灵的洗礼和道德观念的建构过程。借助整本书阅读和多元化的文化熏陶，学生在无压力的环境中吸取智慧，增进道德修养。个性化的评语文化和主题鲜明的班级文化建设则是对学生独特性的尊重和肯定,正如卢梭所提倡的:"教育应当尊重每个孩子的独特性,让他们在自然、宽松的环境中展现自我,实现个体的价值。"

本案例通过贯彻卢梭自然教育的理念,构建了一个以浸润式德育为核心内容的班级建设体系,使学生在顺应自然和社会规律的过程中,逐步实现道德认知的深化、情感体验的丰富、社会实践能力的提升,最终达到全面素质教育的目标。这一实践不仅揭示了卢梭自然教育理论在现代教育场景中的生命力,也为当前基础教育阶段的德育工作提供了有益的参考与启示。

【出谋划策:解决方法】

(一)课程设计顺应自然教育原则

班主任在开展班级建设过程中,可以将常规班会主题化、生活化。如围绕班级文化特色,设计以阳光心灵、友善交际、圆融朴素、自主成长为主要内容的班会活动,紧密结合学生的生活实际和心理需求,让道德教育源于生活,寓教于乐,引导学生在自然状态下发展个性和品德。同时,班级建设还可以融入微课的开发,如通过微课等形式,让学生在了解知识的同时,体验和传承中华优秀传统文化,尊重和适应自然规律,实现道德教育与自然科学、人文知识的有机融合。

(二)活动浸润式德育实践

在班级建设过程中,班主任可以考虑结合重大节日举办主题活动,如开展中秋节、国庆节、春节等主题活动,让学生在实践中感受并弘扬传统美德,提升社会适应素质和文化认同感。同时,可以积极利用自然节气资源开展实践活动:在不同节气举行相应活动,如清明的缅怀先烈、秋分的劳动实践,让学生在亲身经历中自然习得道德观念,培养尊重自然、热爱生活的良好品质。班级建设还可以整合学科活动与校园文化,通过跨学科、跨领域的实践活动,锻炼学生的协作能力和解决问题的能力,培养其道德情感和意志。

（三）文化浸润提升道德情操

班级建设要注重个性化的差异，可以制定个性化的评语制度、定期更换评语形式，如激励式评语、诗意评语等，满足学生的个性化需求，激发其内在潜力，促进其全面发展。在主题文化建设方面，班主任可以定期更新班级主题文化，结合季节变换、节日庆典等元素布置教室环境，如开学礼、班级公约等，创造浓厚的道德文化氛围，让学生在无形之中受到熏陶，形成良好的道德习惯和行为规范。

（四）全方位参与和体验式学习

班主任应在班级中倡导自主学习和自主探索：鼓励学生积极参与各项活动，从实践中发现问题、解决问题，增强道德判断和行动能力，培养学生的自主性、创新性和社会责任感。同时，在班级建设中，家长、教师可以共同参与，建立家校共育机制，让家长和教师一同参与到浸润式德育活动中，形成合力，共同为学生的健康成长创造有利条件。

综上所述，班级建设中的有效方法在于创建一个以学生为主体、尊重自然与文化、活动丰富多元、文化氛围浓厚的学习环境，通过沉浸式、体验式的学习方式，引导学生在自然状态中全面发展道德素质、社会适应能力和人格特质，实现卢梭自然教育理念的具体实践。

【指点迷津：教育思考】

在当今教育实践中，卢梭的自然教育理念犹如一条清澈的溪流，流淌在我们对教育本质的探求之路。从案例分析中，我们可以深刻感受到，秉持自然教育原则的浸润式德育班级建设，不仅是一种教学模式的创新，更是一种对儿童主体性与完整人格培育的高度尊重。

首先，课程润智方面，以顺应儿童天性为前提，将道德教育巧妙地融入日常生活与自然现象之中，如通过节气主题班会，让学生在亲近自然、体验民俗中自然而然地接受道德熏陶，形成对中华优秀传统文化的认同与尊重，这正是卢梭倡导的教育应源于自然，随儿童的生长节奏而发生。

其次，活动浸润式德育实践的重要性不言而喻。通过结合重大节日、自然节气开展丰富多彩的活动，使得学生在真实的情境体验中，由内而外地生发出道德情感，形成良好的道德习惯和行为准则。这种将教育融入生活、融入自然的方式，有力地促进了学生道德认知的内化和社会适应素质的提升。

最后，个性化评语文化和主题文化建设也是践行自然教育的重要途径。个性化评语是对每个学生独特性的尊重和肯定，力求在尊重其生长规律的基础上予以适时引导；主题文化建设则创造了富含道德教育意义的环境，让学生在潜移默化中得到道德情操的滋养。

浸润式德育班级建设以卢梭自然教育理念为指导，强调教育的自然性、生活性、实践性和个性化，通过课程润智、活动浸润和文化浸润等多种方式，让教育回归生活，回归自然，回归儿童内心的真实需求。这样的教育实践，不仅能有效地提升学生的道德素养，更能帮助他们形成健康向上的人生态度，培养其独立自主、热爱生活、尊重自然的精神风貌，从而真正实现教育的初衷——促进每一位学生的全面发展与幸福成长。

宽严相济 做最好的自己 创最好的集体

——我的带班育人方略

深圳市福田区荔园教育集团笔架山学校 江家丽

常说"流水的学生，铁打的老师"，但事实上，学生并不是教师讲台前的匆匆过客，而是教师们精神生命的延续。何为教育？我想，教育应该是师生之间相互陪伴、相互促进，共赴一场美丽的生命之约。作为一名班主任，我始终坚持宽严相济、严而有方，以严格的要求、温情的关怀陪伴孩子们走过一个又一个学期，帮助每一个孩子"做最好的自己"。

【情境再现：案例回放】

我班共有学生43人，男生22人，女生21人。班内学生有较好的思想品质、学习习惯和行为习惯，但总体缺乏生气，学习动力未能充分激发和调动。部分学生以自我为中心，纪律观念淡薄，辨别是非能力和自我控制能力不强；个别学生学习习惯不良，上课不能集中注意力甚至会扰乱课堂，需要进行个别辅导和特别的关注。加之初二是一个特殊且关键的阶段，孩子们的逆反心理开始萌芽、凸显，给我的班主任工作增添了一些挑战。

同时，班内家长们的文化水平较高，大多是本科及以上文凭，但关于如何教育好孩子仍缺乏科学的方法。家长们希望教师教育好他们的孩子，但个别家长又不愿意放权给教师。部分家长总是以自家孩子的情况评判教师的作业布置和课堂教学，甚至动辄向上级领导和教育部门投诉。因此，亟须加强家校之间的良性沟通和合作。

【寻根溯源：案例分析】

以上案例所体现的现象越来越普遍。而这一现象产生的原因，包括以下几个方面。

（一）社会变革的大力冲击

随着改革开放政策的深入推进和社会经济领域的深刻变革，功利主义的价值取向和利益至上的社会风气甚嚣尘上，逐渐蔓延到社会生活的各个领域，冲击着生活在其中的青少年学生。如果要问学生"你学习是为了什么"，很多学生会回答"为了能考上一个好高中和好大学，以后能找一份好工作……"甚至在期末给孩子们进行表彰时，问孩子们最想要什么奖品，好多孩子竟然脱口而出"钱"。可见，功利主义的价值取向和利益至上的社会风气对他们的价值观产生了不良影响。

（二）家庭的教养方式不当

一方面，家长们不自觉地对自己的孩子抱有较高的期待，他们甚至会把自己在工作和生活中遭受的压力有意或无意地传递给自己的子女，如不少家长会经常对孩子说"我们这么辛苦不都是为了你"。而对于年幼的孩子来说，这可能是他们的不可承受之重，孩子甚至会觉得自己成绩不好、表现不好就会成为父母的负担和累赘，久而久之，言行失范甚至性格方面出现偏差便是必然。

另一方面，家长们在养育子女方面缺乏较为科学的教养态度和教养方式。不少家长总认为只要自己管好"后勤"，为孩子提供尽可能好的学习和生活条件就足够了，他们关注最多的也只是孩子的成绩，而真正重要的品行却被家长们抛诸脑后。所以，教育实践中发现越来越多的孩子自私冷漠，不懂得分享；越来越多的孩子以自我为中心，唯我独尊；越来越多的孩子纪律观念淡薄，辨别是非能力不强。

（三）学校的重智轻德

教育要培养的是德智体美劳五育并举的社会主义的合格建设者和接班人，但这一美好的教育目的在实践中却始终未能落地。德育作为五育之首，虽然在形式上被高度重视，但实际上却常常被忽视，俨然是"说起来重要，做起来次要，忙起来不要"。由于"以分数论英雄"的不良评价机制，教师在实践中往往更注重传授理论知识，而忽略了对学生品行的塑造和人格的涵养。甚至作为专门德育课程的道德与法治课也往往优先追求学生分数，简化、弱化了学科的德育属性和德育价值。

【出谋划策：解决方法】

教育是生命对生命的灌溉，精神对精神的濡染。在建设教育强国的时代背景下，教师不仅要传播知识、传播思想、传播真理，更要塑造灵魂、塑造生命、塑造新人，要引导学生扣好人生第一粒扣子，成为塑造学生品格、品行、品味的"大先生"。

秉持"宽严相济　做最好的自己　创最好的集体"的带班理念，我在实践中主要坚持从以下三方面着力，以"严""信""细"三字方针带班育人，为学生赋能、给教育助力，让每个学生在其中获得最大限度的个人发展。

（一）以严明的纪律营造良好班级氛围

我是一个非常严格甚至是非常"严苛"的班主任。我对学生的要求是"严于律己，尽力做到最好"，希望每个人"做最好的自己、创最好的集体"。早读的时候，严抓学生的迟到现象，要求学生提前5分钟到班，以饱满的精神状态开启每一天的早读；课间做眼保健操的时候，要求学生立刻停笔，把每一个眼操动作做标准、做规范、做到位。学生们经常用眼，必须保护好自己的视力；在午休、延时服务期间，要求学生准时回到座位，进行自主学习并保持无声状态；在升旗仪式和阳光体育时，要求学生站队快、静、齐，站挺、站直，争取在年级中第一个站好队，跑操时要求左右对齐，跑出"标杆"和"美感"。此举不是为了让孩子们处处争第一，而是希望他们尽力做到最好，在常规之外多做一点，在标准之上走远一点，激发自身的潜能，感受到自己的优秀，进而体验价值感和成就感，感受生命的幸福。

　　此外，我还严抓课堂纪律，引导学生在课堂上尊重同学的发言、尊重教师的授课，杜绝趴桌和看课外书等小动作。为此，我会经常在没课的时候去班级巡视，也会发挥核心班干的作用进行班务日志的记录，并根据记录情况对课堂违纪学生进行疏导和教育。在卫生轮值方面，坚持任务到人、责任到人，谁负责擦黑板、谁负责扫地、谁负责倒垃圾都安排得明明白白，也因此班级的卫生水平和标准非同一般。以擦黑板为例，要求擦到无痕，负责的值日生可能需要擦4遍才能合格。但是，我坚持不降低要求，班级是孩子们每天生活得最久的地方，卫生方面一旦有了缺口，班级管理就会遭遇"破窗效应"，整个班级就会变得脏、乱、差。在一以贯之的严格要求下，班级的卫生始终保持着较高水平，学生们每天能够身处于一个较为干净整洁的学习环境中；班级的学习氛围也日渐浓厚，营造了一种自律要严、比学赶超的班级氛围。

　　在孩子们的严格自律和辛勤努力之下，开学至今，班级连续获得了四个月"日常量化考核优胜班级"荣誉称号，自开学以来，多周无一例违纪行为，多周量化考核取得满分。同时，在班级运动能力先天不足的背景下，通过集体的团结合作，在本学期举行的我校首届运动会中班级成功逆袭，取得团体总分第二名的好成绩，并获得"入场式表演特等奖"，以上种种极大激发了我和学生的班级荣誉感和自信心，鼓励着我们向着"做最

好的自己　创最好的集体"前进。

（二）以充分的信任着力培养得力班干

作为班主任，如果只有"严"，那是在训练军队，班主任的眼里、心里还要有"信"，充分信任学生、依赖学生，给予学生充分自由的成长空间。学生是班集体的根、班集体的命、班集体的主人，是班集体存在的全部理由，班集体最终应属于学生。班主任所能做的，只是引导学生、帮助学生，而不是强迫学生、代替学生。如果主角不能真正参与管理，那只能是"伪班级""伪管理"。

班干部是班主任的左右手，是学生的代言人。"火车跑得快，全靠车头带"，一个班级只有评选出合适、优秀的班干部，才能更好地实现基于学生主体的自主管理。作为班主任，我非常注重培养、选拔优秀的班干部，让他们在班级发展中起到非常积极的引领作用。"世有伯乐，然后有千里马。"作为班主任，我们应当是伯乐，善于发现并培养千里马，让学生各尽其才，快乐成长。为了充分发挥学生主体的作用，打造"真班级""真教育"，开学伊始我就花大气力重点培养一支得力的班干部队伍，并结合学生自荐、民主推荐以及教师考核，推选出5位德才兼备的核心班干，分别是班长（1名）、副班长（2名）、学习委员（1名）、纪律委员（1名）。这5位核心班干在学习和品行上都有过硬的实力，具备较强的班级管理能力，可以较好地承担班级管理的职责。对于这5位核心班干，我给予了充分的信任，由他们全权负责每周班务日志的记录和总结。一方面帮助他们树立威信，授予他们管理权力，指点他们工作方法，让他们大胆管理。另一方面严格要求他们，核心班干在品行、能力、纪律上要以身作则，做到"在其位，谋其政"，从各方面起到模范带头作用。在记录和总结的过程中，班干部用风趣幽默的语言开始了创意式记录，把"部分同学的课堂犯困现象"记录为"上课二十分钟，治不好同学们的精神内耗"，诸如此类轻松诙谐的新式记录让枯燥乏味的班务日志多了一些喜感，惹得一些同学课后主动借班务日志来看。为了更好地让班干部学会自主管理，我会不定期与他们交谈，就班级里的一些常规事务和突发情况与他们交换意见。在充分的信任之下，班干部的管班能力越来越成熟，班级管理越来越接近"无论老师在不在，学生都是一个样"的完美状态。在班干部自主管理的过程中，班级全体学生也得到了示范、熏陶和感染，学习班干部发扬"自治"精神，自己管理自己、自己教育自己。这种"自治"精神不仅收获了任课教师的普遍认可，促进了优良学风、班风的形成，也助推学生一步步向着"做最好的自己 创最好的集体"迈进。

（三）以细致的提醒力求增强家校合力

传道授业解惑，任重而道远。家庭对孩子的健康成长、性格养成起着举足轻重的作用。教育之路绝不是教师或家长的孤军奋战，只有家校相互配合，汇成一束光，才能照亮孩子未来的路。苏霍姆林斯基说："最完美的教育是学校和家庭的结合。"教育就像一棵树，家庭教育是根，学校教育是叶，根深才能叶茂。如果树根出了问题，树叶再怎么努力，结果也必然不如人意。育人工作，本就是合抱之木，需家庭、学校形成较强的合力，育人才能更上一层楼。我深知这一点，所以从带班伊始，便特别注重与家长的沟通和合作，希望能和家长在孩子的教育上共同努力、同向发力，共绘教育同心圆。

一方面，我经常利用网络平台、线上或线下家访等方式密切与家长的联系，随时掌握与调控特殊学生的心理健康状况和思想动向。另一方面，我及时向家长汇报学生在校情况，帮助他们了解孩子的在校表现和学习状态。例如，家长们比较关心孩子们数学学科的学习情况，我就会经常分享一些学生课后积极向数学老师请教的照片；家长们担心孩子们在校午餐时吃不饱，我会经常分享孩子们排队加饭、大快朵颐的照片；也会分享孩子们饭后一同吹口风琴、一起玩耍嬉戏的精彩瞬间。除此之外，每天晚上学生离校时，我都会不厌其烦地在家长群发布提醒，请家长留意自家孩子的到家时间；每周日的下午，我也会在家长群进行常规提醒，提醒接下来一周的晨会着装要求和相关学业要求。此举不仅可以密切与家长的沟通，与家长交换意见，充分调动家长的关注度和积极性，也可以促进家校之间达成教育共识，以更大的合力促进孩子的健康成长。而我细致的提醒最终也换来了家长对学校教育教学工作的肯定，家长们一改一开始的挑剔和冷漠，变得越来越理解和支持学校的教育教学工作。在学期的家长会上，好多家长不约而同地对我说："老师，有什么需要我们家长配合的，您尽管说。"我想，教育最开心的莫过于，家庭和学校开始密切配合、同向同行，共同朝着同一个目标或同一些任务前进，我开心并期待着家校合力之下的共育花开。

【指点迷津：教育思考】

作为班主任，我深知，"幸福比成功更重要，成人比成才更重要"。在教育学生时，我始终注重品德和价值观的培育，坚持以"德"为先，教导学生尊师重道，先成人再成才，坚持做对的事。因为，教育最重要的就是给学生心灵埋下真善美的种子，引导他们扣好"德"这枚第一粒扣子，"德"是他们青春的底色和人生的方向。在我一以贯之的严格要求和耐心劝导之下，班内部分同学的思想觉悟和品德素质有了提升，带班育人取得了一定的成效。

一是在学校洗手间经常性缺纸的情况下，班里的孙同学主动多次从家中带来抽纸放在班内供同学们无偿使用，班内越来越多同学懂得分享和奉献的真谛。"随风潜入夜，润物细无声"，通过平时课堂内外的讲述渗透和班级文化的熏陶，在潜移默化中有效促进了学生正确人生观、价值观的形成。

二是班里有一个特殊学生，在长达三个多月的关怀鼓励和家校合力之下，他从以前的天天迟到到现在一个月迟到不会超过三次，从以前的从来不交作业到现在有时候交作业比谁都积极，从以前的上课严重扰乱课堂到现在的经提醒能积极改正甚至能做到一整节课安安静静，让我看到了"潜心育人、静候花开"的幸福。

三是班级同学自理自治能力逐渐增强，越来越多学生取得进步，班集体获得一次又一次的表扬和荣誉，部分学生在倾心教育下，行为习惯、学习态度都有很大改观，越来越多的学生和家长发消息向自己表达感谢和喜欢，一种发自内心的成就感和幸福感在教育的土壤中滋长。

四是一些原本不理解不支持学校教育教学工作的家长开始转变态度，能够理解和支持学校的教育教学工作，家校之间初步形成了较为良性的协作关系，有效增强了家校合力。

五是班级在学业成绩方面保持稳中有进的态势。在上学期的期末考试当中，我班孩子各科的优秀率、平均分都在年级中居于领先位置，越来越多科任教师喜欢在我们班开展公开课等研讨活动。

叶圣陶说："真教育是心心相印的活动，唯独从心里发出来的，才能打动心的深处。"班级的成长是师生共同成长的过程，我与孩子们一起品尝喜怒哀乐，一起经历风风雨雨，一起共度欢乐时光，一起留下美好回忆。然而，现实生活中大多数教师都不太愿意当班主任，因为当班主任实在是一件辛苦活。当班主任确实辛苦，但是班主任工作也没有想象中的那么苦不堪言，这种辛苦也会伴随着不期而遇的幸福。我们可以与孩子们近距离对话，走进孩子的心灵世界，感悟教育的真谛；我们可以帮助孩子拨开迷雾清除迷茫，给孩子们以力量，帮助他们明确前进的方向；我们可以用爱心和智慧，与孩子们一起打造我们的班级，酝酿教育的幸福。

在承担班主任工作中，我积累了很多宝贵的经验，让我在今后的教育教学生涯里有了继续前行的信心和能量。但是班级的发展并不是一帆风顺的。在班级的持续发展过程中，班主任要时刻具备敏锐的观察力和成熟的解决问题能力，及时发现平时的一些小细节小问题，及时加以改进，不断培养班干部，不断完善班级规章制度，才能让自己的班级走得更稳、更远。就好比一辆正在路上行驶的汽车，只有始终及时修正前进的方向，才会让自己的行驶安全顺畅。在今后的班主任工作中，我将继续躬行践履、砥砺向前，把真情、真心、真信贯穿带班育人全过程，力争成为有情怀、有水平、有温度的班主任，成为一名给学生以力量、给自己以幸福的优秀班主任，和学生一起"做最好的自己，创最好的集体"！

浅谈班级建设策略

深圳市福田区荔园外国语小学（深南） 张璇

班级建设是一个长期而复杂的过程，旨在创造一个积极、和谐、合作和有益于学生发展的环境。

【情境再现：案例回放】

流水的学生，铁打的教师。十年过后，我重新回到一年级，内心"惶恐"！开学前参加各种培训、听各种讲座、买好各种可爱的教具……

面对2015年后出生的宝宝，我做好一切准备，可没想到在他身上栽跟头了。新生见面会，我以为那几个与家长恋恋不舍的孩子、屁股挨不到凳的孩子，或者那几个完全听不懂指令的孩子是我开学初要密切关注的头号人物。结果开学第一天，头号人物们都很不错，纪律性好得很，展现出了深圳孩子特有的超强适应性。出状况的是小小。

小小，脸小小的，个子小小的，刮个大风就可能把他吹走了。刚上完早读课，他就伤心地来到我跟前，红着眼眶说，想妈妈了。为了不勾起其他人的情绪，我赶紧把他带到办公室。擦干他的眼泪，安抚他的情绪，问问他知道妈妈的电话吗？他说不知道。我想了想，还是当着孩子的面拨通了他妈妈的电话。一听到妈妈的声音，他哭得更大声了。妈妈在电话里也安抚了一阵，答应下午放学第一个来接他回去，小家伙情绪才好些。挂了电话，我握着他的手，夸他是个勇敢的孩子，一定能独自面对困难，相信他能成为合格的小学生。送他回教室后，我再次拨打了小小妈妈的电话，告诉孩子的状态，让家长安心。

第一节课还没上完，小小就被一个女同学带来办公室找我了，还是想妈妈想得要哭了，无法上课。我停下手头上的工作，拉着他，问他是不是哪里不舒服？口渴吗？吃早餐了吗？需不需要上厕所？……我看他的状态稍微好一些，试探地问他，需要叫爷爷来接你回家吗？他一听马上点头接着又摇摇头。我问他，为什么又摇头了呀？他说，他答应妈妈，在学校要听老师的话。看着他委屈又懂事的样子，我也很心疼。"小小，你真的很勇敢，战胜自己内心的渴望，是很难的，老师要奖励你一根棒棒糖，希望它能给你带来力量！""老师，我有蛀牙，不能吃糖。""吃一小根，没关系的。""甜吗？""甜！"吃完甜甜的棒棒糖，小小开心地回教室去了。我们约定，下节课他能听一节完整的课，再奖励他一根蓝莓味的棒棒糖！第二节课下课，小小笑着来找我，他做到了，我替他高兴，也履行了约定。第三节课下课，小小又笑着来找我，但他没有要糖果，因为他答应妈妈，每天只吃两颗糖，他是来找我聊天的。午休，小小要求一个人睡在大一点的地方，还要求听电话手表里的睡前故事睡。我都答应他了，叮嘱他把声音调到最小，不要打扰到其他同学。下午的课，小小没有不适，平稳地度过了第一天。

第二天，想妈妈、吃糖果、听睡前故事；第三天，想妈妈、吃糖果、听睡前故事；第四天，想妈妈、吃糖果，妈妈不让他戴手表来学校（我要求的），中午也睡着了；第五天，想妈妈、吃糖果。第二周开始，小小没有哭着说想妈妈了，课间也没时间来我这儿了，因为他忙着跟小伙伴一起玩游戏呢！

从小小身上得到的教育经验很快适用到其他班级的孩子，几个想妈妈的孩子都在美味的糖果里"迷失初心"!

【寻根溯源:案例分析】

　　管理班级,处理班级的琐碎事务,是每个班主任的日常。看起来是一件小事,放大了却是了不起的教育举措。管理班级,就是从点滴的小事中,激发学生对班主任的信任之情,对班级的热爱之情,对班级荣誉的牵动之情……以爱换爱,以情动情。

　　接手新班级,我很注重营造班级活动的仪式感,以增强孩子们的班级凝聚力。

　　特别是每次的开学典礼,我都费尽心思地想要给我的班级不一样的体验。我记得,有一年的春节返校的新学期,还在农历新年中,我结合过年的氛围,为每位同学准备了一个红包。在红包里,我放了一颗糖果或者巧克力,还有一张写了祝福语的卡片。有些特殊红包里除了放了以上物品,还放了"免写作业卡""免罚卡""换桌位卡"等惊喜卡片。抽到的同学当时特别开心,没抽到的同学收到甜甜的糖果和温馨的祝福语也很开心。家长得知后,有的还特意发了一个朋友圈,表达自己对这个活动的肯定。

　　案例中的小小,虽然有些行为不符合常规,有些要求也不太合理,但如果能取得他的信任,你做一些让步后再提出要求,互相约定好,学生会更容易接受并主动发生改变。放到管理整个班级,我会与学生共同制定班级规定,构建班级管理中的契约文化。有文献指出,师生共同约定的班级规定是双方经过协商而确定的思想共识,其中规定的权利和义务都已经得到双方认可,这个约定也是解决班级事务问题的基本依据。教师在解决班级问题时,需要完全按照约定来处理,以此为依据划分责任,明确责任主体,并厘清双方应该承担的责任。

　　班级管理是班级建设的关键环节,可以通过设置规则、制定制度、明确职责等方式来加强班级管理。同时,班主任要及时关注学生的行为和学习情况,并与家长密切合作,共同为学生提供支持和指导。

【出谋划策:解决方法】

良好的师生关系是班级建设的重要保障,可以促进学生的学习和成长。班主任要尊重学生,倾听他们的声音,并为他们提供必要的支持和指导。同时,班主任还要与家长保持良好的沟通,共同关注学生的发展。

班级建设还可以从建立班级文化入手。班级文化是班级建设的核心,可以激发学生的归属感和自豪感。班级文化应该体现班级特色和学生的共同价值观,可以由班主任和学生共同制定,如班级口号、班训、班歌等。

学生心理健康是班级建设的重要组成部分,可以通过心理健康教育、心理疏导和心理咨询等方式来帮助学生应对生活和学习中的各种挑战。特别是现在的学生,要保持良好的心理状态实在"艰难"。他们无时无刻不处在与同学比高、比美、比帅、比瘦、比学习、比特长、比体育等的环境中,稍微偷下懒,就可能迎来批评教育。有些学生对教师的防备心强,对家长"失望",遇到困难,很难找到心理的出口。这就需要我们教师平时在班级管理工作中再温暖再细致点,及时发现孩子的反常情况,及时反馈,妥善解决。

良好的学习氛围是班级建设的次要目标,可以通过合理的教学组织、课堂管理、任务布置等方式来营造。班主任还要关注学生的学习情况,及时给予反馈和指导,帮助学生提高学习效果。

班级建设还应该注重学生的个性化发展,通过不同形式的活动和课程来满足学生的个性化需求,帮助学生发现自己的兴趣和潜能,促进个性化发展。这就要求我们班主任有一双"伯乐"的眼睛,好好发掘一匹匹"千里马"。例如,有些学生学习能力弱一点,但动手能力强,可以布置他参与班级板报的设计;有些同学善于交际,语言表达能力强,可以推荐他参加主持学校的各项活动；有些同学课间跑得飞快，可以鼓励他参加课后跑步训练争取在校运会上为班级争光；等等。

总之，班级建设是一个综合性、系统性的过程，需要教师、家长和学生的共同参与和努力。通过优化班级管理、营造良好的班级氛围、关注学生心理健康和个性化发展等方式，可以创造一个积极、和谐、合作和有益于学生发展的班级环境。

【指点迷津：教育思考】

每次接手新班级，我都很开心，因为又可以跟有趣又可爱的"新脑子们"打交道，他们一定会迸发更多的活力，让我在自己的教育生涯上重新审视自己，总结经验，反思过往，争取成为更好的教育者。

案例中的小小给我的启发是，作为教育者，要善于理解学生，多站在学生的角度看问题。陶行知先生曾说过："我们必须会变成小孩子，才配做小孩子的先生。"每个孩子的行为背后都有他的原因所在，有些是家庭原因，有些是自身原因，有些是其他原因。我们让学生信任的方式一定是要让孩子感受到我们对他的爱心。每个孩子都是父母眼中"活力十足有礼貌，乖巧又快乐"的孩子，事实也是如此。我们不能因为他有一点棘手的情况就忽略他的真善美。"亲其师而信其道"，让我们从做一个充满爱心的教师开始，改变自己，改变他人。

参考文献

[1] 刘素芹，陈洁洁. 以生为本理念下班级精细化管理的厘定与重构[J]. 教学与管理，2020（9）：59–61.

"小厨神"的诞生

——记班级美食节活动

深圳市福田区荔园小学（八卦岭）　卢冬玥

【情境再现：案例回放】

一次，我正准备检查班级值日情况，便发现值日生小琴坐在位子上纹丝不动。小琴是个成绩优异的学生，但就是不爱劳动，理由诸如"耽误学习时间""太累了不想动""太难了不会做"等，这次也是一如平常，需要催促才肯慢吞吞地比画个扫地的样子。我着急地走过去，刚要批评她不热爱劳动，却看到她反而兴冲冲地捧出一个饭盒，朝我笑着说："老师，你尝尝看，这是我做的柠檬鸡爪。"看着小琴"吃完求放过"的神情，我笑着尝了一口，却被一股呛鼻子的辣味迷得泪眼蒙眬。"你第一次做饭？"我不禁问道。"是啊是啊！我第一次做饭，我爸妈都说好吃！"小琴将饭盒举得很高，自豪地说。

诚实地说，这份鸡爪令我噎得够呛，可看着孩子眼睛里放出格外迷人的光芒，我转念一想——平时的小琴听到要"干活"就一幅蔫儿了的样子，怎么一做饭就这么积极了？班里还有不少像小琴一样平时不爱劳动的同学，这是不是个让孩子们提升劳动热情的契机呢？提高学生们的劳动技能，从贴近生活的厨艺技能开始，增强他们的自理能力；试问谁能拒绝美食的诱惑！创造美食也是一种劳动，积极劳动的氛围带动起来了，最后养成良好劳动习惯，便也顺理成章了。

　　于是一次班级"美食节"活动，便在我脑海中有了雏形。

　　说干就干，我首先召开了一次班委常务会，商讨"美食节"的基本环节。班干小菲主动承担了组织"美食节"分组报名的任务，劳动委员小齐带头招募额外的清洁志愿者，最后一致决定，提前两周开始，由同学们发动家长一同参与，同时在班级中自行组队，4人一组，线下报名。为提高同学们的重视程度，我安排了一个预热活动，由小琴担任"劳动大使"，在提前一周的劳动课上给同学们做了一次炊具使用示范。小琴也大方地接受了任务，主动从家里带来了空气炸锅和小炒锅，颠勺、翻炒的动作有模有样，已经展现出了"厨神风范"，同学们看得专注极了。

　　受到了小琴的鼓舞，同学们跃跃欲试。有的同学三三两两约好周末上谁家里一起做一道拿手菜，有的同学则各自分工，决定将新鲜的食材现场装盘；还有的同学商量小组人手一菜，凑成"四大菜系"。

　　响应同学们的热情，同时也为了带动平时不够热衷劳动的同学，我这次布置的周末作业便是将做菜过程录制成小视频，或制作菜谱手抄报发表。于是这周末，班级微信联络群格外热闹，一会儿，小明传来了帅气的摆盘过程；一会儿，小欣发来了成品喝彩……家长们在群里也纷纷就如何培养孩子做饭献计献策，在对孩子的夸赞中聊得火热。

　　到了正式举办的"美食节"上，我班活动开展得井井有条，各色手工家乡美食琳琅满目，在"美食节"主持人、劳动指导评分员、劳动形象大使等若干班干的鼓励下，同学们非常自豪地分享着自己的劳动成果，邀请他人品尝得到肯定后，主持人便顺水推舟地请同学们总结了各类菜式的制作技巧，平时十指不沾阳春水的个别同学也通过他人手把手地指导，乐于尝试更多的挑战。

　　我将同学们的作品拍摄记录下来，在周末和家长朋友们联合制作出一份"厨神榜",同时为"小厨神"们颁发了"技术高超菜品奖""人气菜品奖"等若干奖项和纪念品,大家喜滋滋地粘在书本上、挂在家里的厨房里,无论是教师还是家长,都能借着美食节的获奖经历在其他时间的劳动教育点化学生,无形中激励着大家继续劳动的积极性。

一次"美食节"活动,使学生们意犹未尽,教师们赞不绝口。大家都很期待,第二届"美食节"什么时候举办呢?自此,学会制作一道美食,成了班级劳动课取之不尽的素材,劳动的快乐在所有人心间弥漫。

【寻根溯源:案例分析】

进入中年段后,班级同学们的学业压力渐渐增大,家长们对孩子学习情况也越发重视,随之对孩子其他素养的培养产生忽视倾向,首当其冲的便是孩子的劳动技能。殊不知,劳动教育的弱化,意味着对学生生活自理能力要求的降低。从近期看,这会影响学生的学习习惯,如班上未学会自己收拾书包的小张,到了中年级一直改不掉课前准备丢三落四的毛病,影响学习效率;从长期看,学生习惯接受家长"保姆级"无微不至的照顾,自我意识的发展将严重滞后,不利于对社会的主动适应。勤劳是我们中华民族的传统美德,作为班主任,我深知需要在孩子们心中播下"勤劳"的种子;同时作为劳动课程教师,思考如何在孩子在学习中寓学于乐、主动学习劳动技能,是班级建设的题中之义。

【出谋划策:解决方法】

这次活动的大获成功,与班主任在生活细节中发现劳动契机密不可分,同时也证明了贴近学生生活的劳动教育对学生的劳动能力和劳动积极性都极为有益。

(一)少说教,多实践

实践证明,劳动教育与学科教育的开展方式大为不同,劳动课程更倾向于班主任通过班级活动的方式开展教育教学，倡导学生高度参与实践，这样才能产生良好的教育效果。"实施劳动教育的重点是在系统之外，有目的、有计划地组织学生参加日常生活劳动、生产劳动和服务性劳动，让学生动手实践、出力流汗、接受锻炼、磨炼意志，培养学生正确的劳动价值观和良好的劳动品质。"《大中小学劳动教育指导纲要（试行）》指出，劳动教育不同于说教，频繁以讲授的方式进行间接经验指导对学生的劳动精神和劳动习惯等会使学生产生逆反心理，而核心素养需要长时间的实践经验和情感积淀才能习得，需要教师设计劳动教育课程时形成长期活动方案。正如在对小琴这类学生的指导中，班主任要认识到劳动教育的特殊性，如果像消防员救火般简单粗暴地批评了事，学生们不仅没有得到真正的成长，久而久之反而产生超限效应。而反过来积极思考怎样才能提高学生的劳动积极性、她们崇尚怎样的劳动生活，不妨就从"做菜"这个大家认同的主题进行尝试。

（二）看见孩子，随机应教

2019年2月，中共中央、国务院印发的《中国教育现代化2035》提出，"全面强化学校体育工作，全面加强和改进学校美育，弘扬劳动精神，强化实践动手能力、合作能力、创新能力的培养"，明确了"劳动精神"的地位，要使学生把劳动当作一种享受，促进劳动创造幸福的人性追求。劳动教育首先要紧密结合学生的生活，尤其在小学劳动教育中注重突出美好的劳动情感观念的培养，因此在设计活动方案时，需注意从日常生活中寻找教育契机与劳动课程目标的契合点。

在这次"美食节"活动中，制作美食的劳动主题吸引了大部分的学生及家长参与其中，大家兴味盎然，同时学生和家长广泛认同这样的劳动有价值、有意义，"万般皆下品，惟有读书高"的观念有了转变；班干们通过活动锻炼了组织能力，其他同学通过制作美食的过程，有的学会阅读菜谱，有的从亲身实践和家长指导中学会总结运用清洗、炒制、摆盘等知识，有的掌握了一种制作技巧后又创新了更多菜式，还有的展示自己本就长期练习的绝活和制作秘方，经历一次次失败而从制作"黑暗料理"的厨师变身厨神"中华小当家"……一次分享换来许多赞誉，学生劳动的信心和积极性、日后的劳动热情的基础就此奠定，显得弥足珍贵。

【指点迷津：教育思考】

每一次班级活动，都是一次对学生的全面教育机会。在活动过程中，除了主要环节，还有更多需要教师和学生继续改进的地方，例如美食节后打扫班级的环节，应视为美食节的环节之一，也是劳动课程的重要组成部分，正好作为下一次劳动教育的契机。一个漂亮的结尾，能更好地贯彻有头有尾的原则。正如班干小菲总结道："细节决定成败。"劳动课程仍待我们总结更多的实践经验。

参考文献

[1] 李臣之，黄春青.新时代劳动教育课程设计与实施［M］.广州：广东教育出版社，2022.

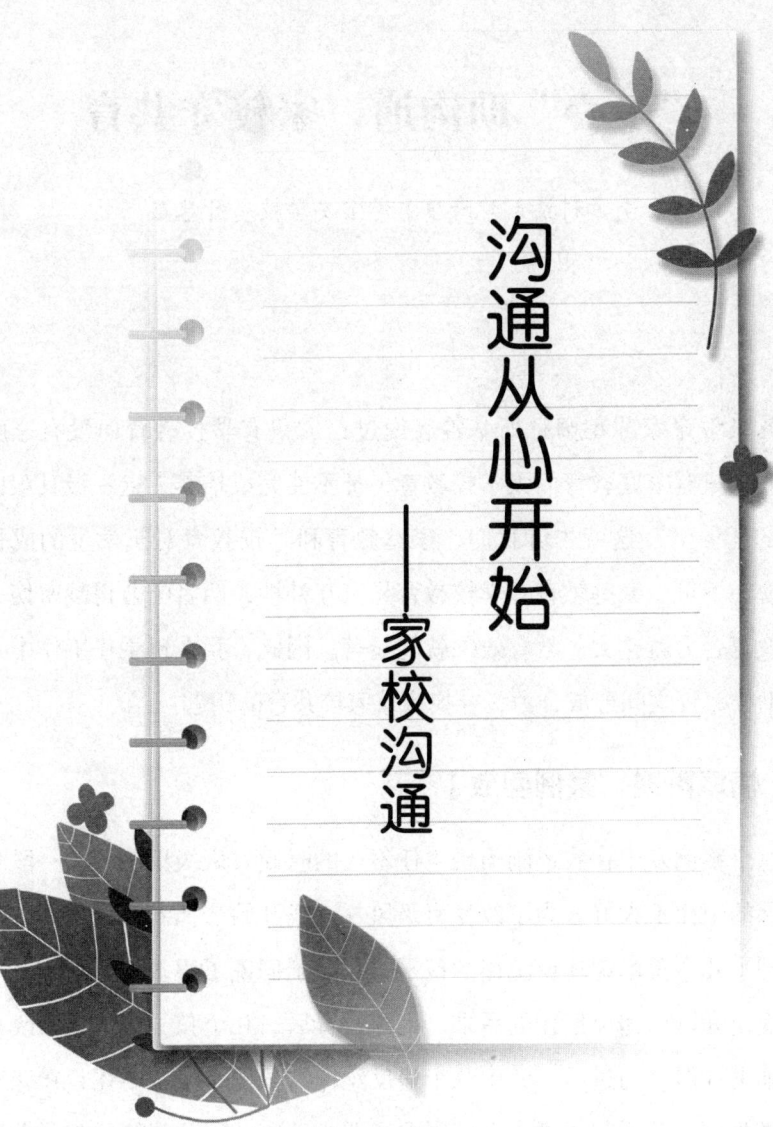

沟通从心开始
——家校沟通

"多心"助沟通，家校守共育

南方科技大学附属中学宝安学校 叶春燕

苏联教育家苏霍姆林斯基曾经说过："只有学校教育而没有家庭教育，或者只有家庭教育而无学校教育，都不能完成培养人这一极其艰巨而复杂的任务。"这就告诉我们，家庭教育和学校教育对于学生的成长而言，缺一不可。家庭教育和学校教育具有互补性，两者配合得越密切，产生的教育合力就越大，教育效果就越显著。因此，我在班主任工作中一直努力助推家校之间形成合力，寻找构筑家校共育的钥匙。

【情境再现：案例回放】

这个案例发生在我还刚当班主任不久的时候。班级里孩子有一段时间术科课的纪律不太好，为了改变班级风气，我开始严抓术科课纪律，前一周处理了几个美术课违反纪律的孩子，对孩子们说了很多不该影响美术课堂的理由和以后违反纪律的后果。批评教育后，几个孩子也认真悔改并写了保证书。但一周过后，其中几个违反纪律的孩子又按捺不住，在课堂上不认真听讲，并玩起了橡皮泥，影响了课堂秩序。因此我按照孩子保证书上的约定，让家长来把孩子接回去停课一下午。给家长打电话时，一开始家长听到孩子违反纪律时态度还挺好，说孩子做得不对要批评，但听说要按保证书上的约定,把孩子接回去停课时,声音就变得越来越高,情绪明显激动。听完家长的话,我也非常激动,心想我没错啊,我也没说让他回家,孩子自己说的要回去,保证书都写了,家长还签了名的,难道不应该遵守信诺吗?而且,我是在和家长沟通,这还没沟通,就直接来怼我,我感到很郁闷。这个孩子从入学那天起,我便天天督促,不会的单独补课,不仅仅是自己的语文学科,还给他补英语、教数学,倾注了那么多的心血,但孩子不听话,家长不领情。

但是,考虑到不能激化矛盾,我深呼吸后决定改变策略,我努力保持微笑,让隔着电话的家长感受到我是真诚的,我说:"您别急,您可能没明白我的意思啊,是这样的,根据《中小学教育惩戒规则(试行)》来说,我们学校是可以让孩子回去停课半天的,但是,您得有时间不是?"这句话我说得很快,在家长还没反应过来《中小学教育惩戒规则(试行)》时迅速接后面的话,这样就有了"共情"。果不其然,家长立刻就变了态度:"对对,就是这样,您看,老师,孩子回家不耽误课吗?……"我就跟她说:"哎呀,可不,更何况回家后身心和安全还得保证呢?他想回家,我们还不愿意呢?不上课,美的他!这样,您看,这事情也不能这么算了是吧,孩子毕竟有错误……"

还没等我说完,家长就说:"老师,我明白,我不是没时间,这样您让他停课两节课,我可以去接他,是得好好教训教训他!"唉,还有十分钟就放学了,家长态度也挺好。我就退了一步:"我说,这样吧,等周末您好好和他说说,该怎么收拾怎么收拾,下周他再犯错误了,我们可得叫您来学校配合啦,今天的错误,我好好教育教育,您看,怎么样?"事情就这样解决了。

【寻根溯源:案例分析】

此次沟通差点碰撞出不和谐的火花,让我过后认真地反思了自己和家长沟通时应注意方式方法。我发现平时我们在处理学生的问题时，总是习惯理性凌驾感性，其实当我们向家长反映学生的问题需要和家长沟通、给家长打电话时应该更委婉一些，因为我们的目的是让家长了解学生的缺点，并配合我们加强对学生的教育，所以我们可以委婉地去反映孩子的问题，多一点同理心，站在家长的角度，关注家长的情绪是最重要的一件事情。我们沟通的最终目的是帮助家长找到孩子的问题所在，并找出有效的解决办法。如果在沟通时一味地反馈孩子的过错，指责家长的教育，那么教师就会失去家长的支持和配合，不利于问题的解决。

面对学历、职业、人品、对孩子学习的重视程度各不相同的家长，我的沟通没有做到因人而异，没有采用合适的沟通技巧和策略。比如这个案例中的家长，他是做生意的，平时工作比较忙，学校的家长义工活动基本没有参加过，家校警监督有时也得跟别的家长换好几次才能成功站一次"岗"，平时孩子的作业大多也是自己完成的，家长基本没有时间每天监督孩子作业的完成情况和作业质量，很明显这样的家长工作非常忙碌，我没有能设身处地地考虑家长的难处，直接将最坏的处理结果抛给家长，让家长以为这是教师最后的通牒，导致家长瞬间"炸毛"。我们要及时把学生的情况告知家长，遇到问题耐心与家长沟通，才能让家长感受到我们对学生真诚的爱，从而理解、配合和支持我们学校的工作。

另外家校合作的前提是双方能够及时积极沟通、相互理解，这样才能发挥出合力。在这个案例中，孩子平时学习生活中出现的问题，我没有及时反馈给家长，和家长对孩子的情况做进一步的沟通。仅是通过孩子前一次犯错的保证书让家长签名这样的方式，家长并不能很好地了解孩子的情况，也没有办法和教师形成更好的情感共鸣来把教育力量往一处努力。因为我们很多教师都习惯了在学校里"孤军奋战"，在与家长沟通时往往是教师在单方面提要求，希望家长重视孩子的学习，并请家长每天进行作业的检查、监督并签字等。可是，这不仅增加了家长的负担，还让家长在孩子面前变成了教师命令的执行者，失去了家长原本的地位和尊严。而真正需要沟通的时候，我们却将孩子的错误积累到一定程度才反馈给家长，会让家长觉得教师平时疏于沟通，不够关心和爱护孩子，又或是处理问题比较独断，没有和家长一起处理解决，家校的合力自然不会形成。

【出谋划策：解决方法】

对这次案例中存在的问题，其实我们可以从以下几个方面来解决。

（一）采取三明治谈话，多一些委婉

在平时的班主任工作中，我们应该采用"三明治谈话法"，即把和家长的沟通内容分层。就算家长再开明，也没有一位家长愿意听教师总是在说自己孩子的缺点，更不要说是溺爱孩子的家长了。比如后来在一次和家长反馈孩子漏做作业的问题时，我会先去夸奖孩子，孩子平时很乖巧懂礼貌，最近在学校听课还比较认真，课堂笔记及时完成，这些方面表现得很棒，有时也可以是品质和习惯很好，或者反馈孩子在校时的良好表现。然后再委婉说明孩子回家稍有懈怠，作业有漏写的情况，尽量做到实事求是，可以将表面情况上升到本质问题。最后再鼓励肯定孩子，相信孩子有能力改正，并给家长提供一些小建议。如果不是在和家长单独打电话，而是当着孩子的面沟通时，尽量不要说孩子的缺点，如果不可避免，教师在说孩子问题时可以拉着孩子的手或者抚摸孩子的头和肩膀，给孩子传递力量。

（二）抓住潜藏契机，多一次交流

家校教育观点有分歧是影响家校共育良好效果的原因之一，但是家校教育观点的统一并不是通过几次沟通就能改变的，在建立新的教育理念的过程中，家长需要不断地学习成长，学习家庭教育的知识，积累家庭教育的经验，更新家庭教育的观念，走出家庭教育的误区，丰富家庭教育知识储备，让自己的教育与孩子的成长尽可能同步、同频、同维度进行，这也有助于家长理解和支持学校的教育理念和教学方法，从而形成家校合力，

共同促进孩子的全面发展。因此班主任应该注意,在接手班级后应提高促进家校教育观念统一的意识,多留心潜藏的教育契机,抓住各种机会,多沟通交流,不应等到和家长反馈孩子的问题时出现了教育观念差异才来想办法。

深圳市"家庭教育大讲堂"是深圳市教育局主办的一个系列讲座,每一期讲座的主题都不一样,对家长的教育理念更新有很大的帮助。比如第15期"家校共育 探讨家长的边界与责任",第23期"家长如何做个卓越的领读者?"但许多家长由于工作繁忙,并不会真正耐心地花时间去看。因此,每周五开展"家庭教育大讲堂"时,我都会认真观看直播,并将自己的收获分享在班级群,渐渐地,家长之间也形成了比较好的风气,大家都会积极踊跃地将自己的收获和感想分享在班级群。潜藏的教育契机远远不止这些,还可以把握每天放学在校前等候区的时间,这就是一场小型的家长见面会;定期开展家长交流会,探讨学生的教育问题,分享教育中遇到的困惑及心得;班级举行开放日、一年级入队仪式、元旦活动、六一活动等活动时,家长们也会积极参与,他们亲眼见证孩子们成长,在活动中感受教师对孩子们的指导和付出,从而更理解班级工作。

我更是常常将自己的教育理念、教育日记,甚至是和孩子相处点滴中的收获分享到班级群,久而久之,家长和我沟通时总会更容易理解我的教育理念与教育方法。哪怕真的出现教育理念差异时,家长也更能相信教师对孩子的教育是出于关心与爱护。

(三)务求防患未然,多一个电话

微信、钉钉、QQ等软件在家校沟通中的普及应用,使教师和家长的沟通方便快捷了许多,但是文字沟通因为没有语气,所以极容易产生误会。当家长情绪激动或者本身就有误会时,要想化解矛盾,就需要语气、语调作为辅助。电话沟通的形式和时机只要把握好,经常会起到事半功倍的效果。

班级学生受伤或生病时，不管大伤小伤，不要怕家长一时情绪激动，假如紧急情况下家长没有第一时间知道受伤或者生病孩子的情况，过后情绪会更激动甚至会上升到家校冲突，矛盾会消耗很多精力而且很难化解。哪怕只是小伤，白天在学校已经处理完毕，我也会和家长电话沟通。体现对孩子的关切非常重要！

家长对学校或教师工作有质疑时，无论是否下班，只要看见类似信息，我都会第一时间电话沟通。电话沟通可以让家长感受到你对他态度的重视，也可以提高沟通的效率，如果确实是工作中的小失误，电话也能让家长感受到到你诚恳的态度。沟通是为了化解家长激动的情绪，消除对方的疑虑，文字没有语气，电话沟通可以防止家长误会更深。

还有一些涉及学生心理的敏感问题，比如学生出现了尿裤子、抄袭、由于矛盾产生极端负面情绪等问题，我都会第一时间了解前因后果，处理问题后，马上电话联系家长，说清事情，避免学生回家产生负面情绪的反扑，让家长担心在校时问题处理的结果。

班主任工作繁忙，有时实在来不及马上打电话，我也会在当天下班回家的路上，利用通勤路上的时间，来解决当天遗留的问题，防患于未然，做到将有可能产生矛盾的问题扼杀在萌芽初期，让烦冗的班主任工作不至于又添上一些意外"事故"。

（四）力求因材施教，多一丝差异

面对如白纸般的孩子，我们的教育要做到因材施教；面对学历、职业、人品、对孩子学习的重视程度各不相同的家长，我们的家校沟通更应该要因人而异，采用不同的沟通技巧和策略，才能让家长感受到我们对学生真诚的爱，从而理解、配合和支持我们学校的工作。

通过近几年对家庭教育的探索和实践，我将我遇到的比较难以沟通的家长的类型分为以下几大类。

"全面移交型"家长。在和这类家长沟通时，我们有必要强调家长角色的不可替代性，强化家长责任心。这类家长愿意与教师沟通，但配合度、参与度不高，总爱说"老师，我们也管不了，您该打打，该骂骂"。班主任万万不可把这种话当真，时刻牢记师德红线，绝不越雷池一步。班主任要适当给这类家长布置一些具体的任务，增强他们与孩子之间的联系，指导他们教育孩子的方法，帮助他们增加亲子关系的"黏性"，不断肯定他们对孩子成长进步的作用和价值。

"无能为力型"家长。面对这样的家长，我们要少"投诉"多"报喜"，让他们看到希望。这类家长常说"老师，我们也很头疼，说了很多次还是不听，都要被气死了，我也不知道怎么办。孩子都听老师的，不听家长的话，管也管不了"。班主任与这类家长沟通时，要多报喜少报忧。平时多观察孩子，用发展的眼光去看待孩子，善于发现孩子身上的亮点，给出实际的建议，让家长看到希望。

"粗暴严厉型"家长。当这类家长的孩子犯了错时，我们要特别注意沟通技巧，这类家长一听到孩子有问题就怒气冲天，对孩子拳脚相加，粗暴、严厉、专制，完全不给孩子解释的机会。所以班主任与这类家长沟通前，要先调整好自己的心态，切忌气势汹汹地告状。要特别注意沟通的技巧，采用"三明治沟通法"，说说孩子最近在校哪些地方表现得比较好，再根据孩子的实际情况提出建议。

"家长里短型"家长。这类家长习惯性地把教师当作知己或情绪垃圾桶，每次跟班主任聊天都滔滔不绝，漫无边际，喜欢跟教师讲家务琐事。面对这类家长，我们不要被牵着走，找个借口礼貌委婉地中断谈话，比如说有其他急事要办。不要对他的家庭琐事表现出好奇和兴趣，更不能掺和人家的家事。对于家长无意中说出的家庭隐私，要注意为其保密，不要传播。

"主宰一切型"家长。这类家长喜欢当家，总是给教师提意见，喜欢对教师指手画脚，喜欢说"如果我把孩子送过来，你们要怎样怎样的"，有一种当老大的感觉。这种类型家长很普遍。遇到这样的家长，首先一定不要讨厌他，有时装傻就可以了。就像不要认为客户个性不好而去讨厌客户，这只是家长性格导致的。当你在班级管理有做得不好的时候，这样的家长会指点出来，甚至还会教你怎么做，越是主宰型，他越会发挥权利，越喜欢发挥权利，他就会越主动，而且执行能力很强，好钢用在刀刃上，这样的家长我们应该争取他们的理解，他们会在你需要的时候给你提供帮助。

【指点迷津：教育思考】

打开一个铁盒子，与其一拳砸扁它，不如仔细找到那把对号的钥匙。与不同类型的家长沟通，我们需要细心找到那把对应的钥匙，只要多了解孩子的家庭，多和孩子沟通了解家长对孩子的教育方式，就一定能找到和不同类型家长沟通的方法。真诚的沟通也一定能让不同类型的家长觉得你是真心实意地关心、爱护孩子，你所做的一切都是为了孩子，以心换心，就一定能得到家长的理解、支持和配合。

在与家长沟通时，教师要时刻记得，我们和家长是平等的关系，我们应该坚持以礼待人、以诚示人。教师和家长身上的教育职责很难比较出大小、多少，但将家庭教育和学校教育密切结合起来所产生的效果一定是积极正向的。对于教师，特别是班主任来说，做好与家长的沟通工作，对学生未来的发展有重大意义。因此，教师必须充分认识到与家长沟通的重要性和必要性，采取适当的措施，增强自身的沟通能力，提升沟通效果。

"萨提亚家庭治疗"解决亲子冲突的案例分析

深圳市龙岗区上海外国语大学附属龙岗学校 赵晨曦

随着社会的不断发展，不良的亲子关系问题也越来越引起社会的关注。与此同时，我国的心理工作者也开始介入家庭服务，帮助应对家庭结构失调、功能丧失的问题。萨提亚模式从系统的视角看待家庭面临的各种危机，通过沟通姿态、冰山理论等专业方法帮助解决家庭成员之间的问题，研究者认为这种模式正适应当前的中国家庭。

萨提亚家庭治疗模式以人本理论为基础，认为人本身具有成长和发生改变的力量。本案例归纳和梳理了萨提亚家庭治疗模式中相关理论和实务手法，并探索了萨提亚模式在介入家庭亲子关系中的有效性。以个案亲子关系为例，借助萨提亚模式的冰山理论等干预技术成功缓和了小雨与父亲的亲子关系。并对实施效果进行评估、讨论和总结，给出进一步研究的建议。

【情境再现：案例回放】

走进家庭治疗的世界，亲子关系冲突案例陈述。

经过近几年对家庭治疗的探索和不断学习，我得出结论：萨提亚模式是改善不良亲子关系的有效方法。

小雨，12岁，小学六年级，独生子女。父母两年前离异，和父亲生活在一起。小雨的脾气非常暴躁，经常因为一些小事和父亲争吵。父子对对方都有很多的不满，小雨觉得父亲过于专制，不喜欢听他倾诉生活中的困难，父亲则认为他很叛逆，不理解自己的辛苦。亲子矛盾逐渐激化，甚至会有肢体的冲突。在这样的情况下，小雨的父亲通过学校的心理咨询预约找到了我，希望可以通过心理咨询的方式改善其亲子关系。在这样的情况下，我和小雨及其父亲，进行了为期两个月的多次的心理治疗，期望通过萨提亚家庭治疗模式关注他们内心的冰山。并通过一致性沟通等方式，帮助父子关注体验式的感受，从而习得良好的沟通模式，改善家庭关系。希望此案例可以为运用萨提亚家庭治疗的同仁提供实务的经验和参考。

【寻根溯源：案例分析】

萨提亚模式，是由美国首位家庭治疗专家维琴尼亚·萨提亚（Virginia Satir）女士所创建的理论体系。萨提亚模式，又叫联合家庭治疗。家庭治疗是一种心理治疗的新方法，是从家庭、社会等方面着手，更全面地处理个人身上所背负的问题。

萨提亚致力于探索人与人之间及人类最深层、最本质的问题，她相信每个人本身就是一个奇迹，不断地演变、成长，而且永远都有接受新事物的能力。根据萨提亚的理论，一个人和他的原生家庭有着千丝万缕的联系，人在家庭中学习到的沟通模式可以深远地影响他一生的命运——"无论国王还是农夫，只要他家庭和睦，便是世界最幸福的人！"

冰山理论是萨提亚家庭治疗中的重要理论，实际上是一个隐喻，这是一个非常形象的比喻：这就像一座漂浮在水面上的巨大冰山，能够被外界看到的行为表现或应对方式，只是露在水面上很小的一部分，大约只有八分之一露出水面，另外的八分之七藏在水底。而暗涌在水面之下更大的山体，则是长期压抑并被我们忽略的"内在"。揭开冰山的秘密，我们会看到生命中的渴望、期待、观点和感受，看到真正的自我。

冰山理论图示如下图所示。

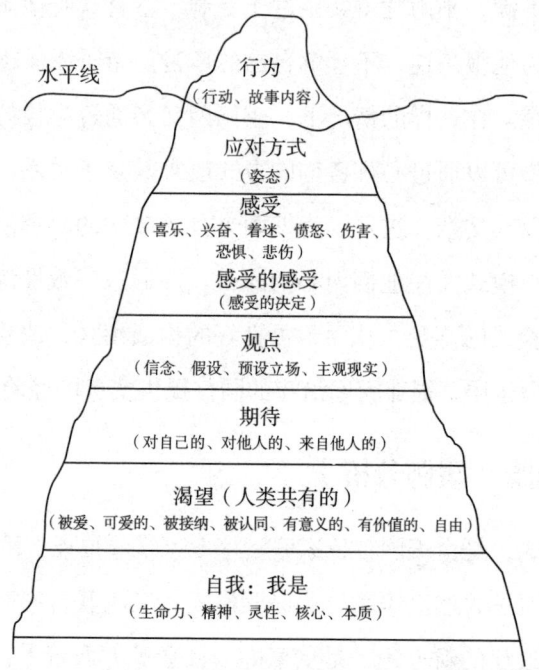

小雨和父亲这一类个案在家庭咨询个案中占据相当的比例。很多时候问题孩子的行为恰恰是孩子最无助的求助方式。父母亲不当的教养方式和孩子背后深深的渴望才是需要改变和被看见的。这些深层的"自我"就像一座冰山一样，生活中能看到的只是表面很少的一部分行为，而更大一部分的内在世界却藏在更深层次，不为人所见。

当一个事件发生的时候，人们只能看到、听到的是人们表面的言行，对经历的事件给予自己的意义和解释，由此产生相应的感受。但是对于人们内心发生了什么，有哪些真实的想法却无从得知。这就导致了家庭冲突发生的时候，当事人只依据经验对他人的言行进行理解，却无法真正了解家人的内心，人与人之间缺乏真正的理解与沟通，这就导致误会加重，家庭沟通出现障碍，矛盾重重。

【出谋划策：解决方法】

第一阶段：接触期

第一次来访：

（1）创造一个舒适的环境，针对这个家庭的特点，布置接待室，使其有家的感觉，让咨询者无拘束感。

（2）营造祥乐的氛围，例如将接待室中摆一些鲜花，灯光适当打得柔和一些。

（3）来访者家庭进入接待室，并进行心理咨询。

因小雨存在人际交往方面的问题，所以首次咨询将通过设身处地地理解、坦诚交流、无条件积极等方式，表达尊重、热情、真诚、共情、积极关注的态度，通过摄入性谈话，了解基本情况。并同父亲和小雨认真了解一下家庭的情况，有必要时，会进入咨询室单独交谈——与这对父子初步建立良好的咨访关系，并预约进一步的咨询。

第二阶段：蜕变期

第二次会谈：内在冰山与一致性沟通（理论支撑：萨提亚家庭治疗）。

运用萨提亚家庭治疗技术，探索小雨与父亲交往时双方的内在冰山，并同父子认真阐述：一般来说，我们看见的行为都只是冰山一角。但行为下面蕴藏的情绪、感受、期待、渴望等往往是我们在与人沟通时容易忽略的。我们有时不但看不到他人的冰山，甚至对自己冰山下面的东西也没有觉察。当焦点还只是聚集在行为上时，僵局就难以打破。所以唯有探究冰山，才能有助于打破僵局。

运用冰山理论：通过父子的沟通和倾诉，根据他们的亲子关系，我们共同建构了冰山模型，如下表。

冰山理论/层次	父亲	小雨
行为（行动、故事内容）	批评、指责小雨，偶尔会用暴力沟通	不接受父亲的批评，对抗父亲
应对模式（讨好型、指责型、超理智型、打岔型、一致型）	指责型	超理智型
感受（情绪、感觉：喜悦、兴奋、愤怒、无奈、伤心等等）	愤怒、悲伤、不满、委屈、焦虑	愤怒、气愤、悲伤、恐惧不满、委屈
观点（信念、假设、预设立场、主观现实、认知）	孩子应该服从父亲，不接受父亲的教育就要受惩罚。	父亲惩罚孩子必须弄清真相 父亲应该倾听孩子的烦恼
期待（对自己的、对他人的、来自他人的）	期待能得到孩子的尊重和理解	期待能得到父亲的关怀和理解
渴望（被爱、被关注、被认同、归属感、有价值、安全感和独立）	渴望有能力、有价值、被认同	渴望被关注、被认同、被爱、有归属感
自我：我是（生命力、精神、灵性、核心、本质）	我是有权威、受尊重的人	我是有主见、需要关心的人

这次会谈，通过一起探索和建立彼此内在的冰山，让父亲和小雨共同意识到彼此间冰山的碰撞，认识到我们平时的生活中，只关注对方的行为，这些都只是冰山的一角。但是在父子的沟通中，我们往往忽略了行为下面蕴藏的情绪、感受、期待、渴望等。通过这次来访，这对父子探索了彼此内心的冰山，意识到了沟通的重要性，并预约了下一次的咨询。

第三次会谈：通过家庭雕塑等技术，让父亲与小雨一同掌握一致性沟通的技巧，改善家庭关系。

萨提亚的家庭治疗理论认为，任何一种沟通都包含着两方面的信息，即语言方面的和情感方面的，或是说非语言方面的。某个人在做语言陈述时，同时也会自动地表达出包括表情、姿态以及呼吸频率等在内的多种非语言信息，而且这些往往反映了人们内心的真实状态。当人们的语言信息与非语言信息一致时，我们就称之为"一致性的沟通"，又称为"表里一致的沟通"——选择表里一致的沟通时，我们想到的不是苛求胜利，不是去控制他人或者情景，也没有忽视自我、他人和情景的存在状况，而是意味着我们选择成为真实的自己，但同时也要注意兼顾好他人的需要、感受和情景的要求、限制，选择与他人进行接触、沟通和联结。所以我选择了一致性沟通的练习，试图搭建父子沟通的桥梁。

一致性沟通的练习：利用面对面沟通的方式，父子面对面坐好，按照上述的七个要点去沟通一个在生活中有冲突的场景。

小雨尝试对父亲用一致性沟通，父亲只需要聆听就可以了，不需要说话，去感受当他听到小雨这么说的时候他身体真实的感受，做完练习之后，父亲可以给小雨反馈他的感受。说完之后，小雨坐在身后的椅子上，父亲坐在刚刚小雨坐的椅子上，进入父亲的角色……多次的沟通之后，父亲和小雨反馈和分享当听到对方这么说时，自己内在真实的感受。心理咨询师也可以给予反馈，帮助来访者更好地进行一致性沟通。通过这次来访，希望父亲与小雨一同掌握一致性沟通的技巧，以期改善他们的家庭关系。

第三阶段：巩固期

第四次会谈：

（1）心理咨询师和这对父子回顾治疗的过程，使他们了解已有的改变，并记录这些改变，以便将来有需要的时候，知道怎样继续改变。

（2）心理咨询师可以选择小雨作为父亲关系中的观察者和反馈者，因为孩子的敏感性特别强，这样可以提高父子对亲子关系状态的敏感度。

【指点迷津：教育思考】

本研究主要采用个案研究方法，通过来访者进行家庭重塑，关注来访者内心的冰山，并通过一致性沟通等方式，一定程度上解决来访者的问题。

同时，在研究过程中，还用到了一些研究方法——文献法：通过阅读大量的相关文献，更加全面深入地掌握萨提亚家庭治疗模式的理论和方法，尤其是一致性沟通的方法和技巧，以期能够成功完成此次家庭重塑，取得良好的效果；观察法：在家庭重塑的整个过程中，时刻注意观察来访者在不同阶段的反应，并根据其反应及时调整方式和进度，同时，注意观察扮演者的表现，根据现场情况调整方式方法，保证家庭重塑的顺利进行；访谈法：在萨提亚家庭治疗开始前和结束后，都需要与来访者进行深入细致的交谈，前期是了解其情况、主要问题和想要达到的目标，后期是为了解家庭重塑对来访者所产生的影响，评估萨提亚家庭治疗的实施效果，总结成功的经验，反思存在的不足，提高实践水平。

反思这次家庭治疗，还有很多不足的地方。例如与来访者一起设定目标时，可以了解得更深刻，更深层次地触及来访者的内心，让其更清晰地看到自己的期待和渴望。在萨提亚家庭治疗过程中，可以更多地使用一致性沟通技术，借助家庭雕塑的技巧，外化来访者及其他家庭成员的内心世界，使来访者有更深刻的体验和感受。特别是在来访者习惯于用语言表达感受时，应该帮助来访者更快地适应行动外显化，通过雕塑技术更深层次触及内心，以获得更好的效果。

在整个家庭治疗的过程中，需要更灵活、自然地引导整个过程。这些都需要专业技术人员在进一步的理论学习和实践应用中得到锻炼和提高。需要注意的是，在这次家庭治疗中，笔者既是引导者，也是个案研究的研究者，因此对于家庭治疗的过程及效果很难做到客观准确的评价和评估，而且缺乏他人观察评价的客观指标，评估方法有待进一步完善。

林文采博士认为心理营养是全人类都需要的深层次的渴望，年幼时期，家人、朋友等提供给孩子的心理营养，自然能够满足孩子的渴望和期待，进而缓解问题行为，解决困难。本案例的真实体验也再一次印证了萨提亚家庭治疗的神奇魅力，这一魅力深深地吸引着我不断探索家庭治疗的世界，希望在后续的学习和咨询中，可以有更深的体悟——路漫漫其修远兮，吾将上下而求索！

参考文献

[1] 维吉尼亚·萨提亚，约翰·贝曼，简·格伯，等. 萨提亚家庭治疗模式[M]. 聂晶，译. 北京：世界图书出版公司，2007.

[2] 林文采，伍娜. 心理营养：林文采博士的亲子教育课[M]. 上海：上海社会科学院出版社，2016.

[3] 陈芳. 萨提亚家庭治疗模式评述[J]. 社会心理科学，2013（2）：113-115，128.

[4] 陈陈. 家庭教养方式研究进程透视[J]. 南京师大学报（社会科学版），2002（6）：95-103，109.

[5] 王秀云. 离异重组家庭子女心理特点及教育[J]. 学周刊（中旬），2010（9）：10.

[6] 维吉尼亚·萨提亚，米凯莱·鲍德温. 萨提亚治疗实录[M]. 章晓云，聂晶，译. 北京：世界图书出版公司，2006.

同台"搭戏",乐做导演

深圳市福田区景鹏小学 彭佩

古人云:"合则兴,分则亡。"班主任与家长不应如同两个独立的拳头,而应如同紧握的双手,携手合作,心心相印,共同缔造"秋水共长天一色"的和谐画面。苏霍姆林斯基强调,家庭与学校这两大教育力量,需步调一致,对儿童提出相同的要求,秉持相同的信念,坚守相同的原则。在教育目的、过程和手段上,双方应当毫无分歧,共同为孩子的成长保驾护航。随着教育的不断发展和进步,家校沟通成了教育中不可忽视的重要环节。家校良性沟通有助于教育共识的形成。家长和教师是学生成长过程中的重要引导者和陪伴者,双方之间的沟通可以加深对彼此教育理念的了解,从而形成一致的教育共识。这有助于减少教育过程中的分歧和矛盾,为学生提供更加稳定和有利的教育环境。

【情境再现:案例回放】

一年级的阿奎,这个在家中常被戏称为"小霸王"的孩子,他的每一个举动似乎都能在家中掀起不小的波澜。在同学之间,他更是有着"麻烦制造者"的响亮称号,每当他闯祸,总能迅速成为大家关注的焦点。学校的教师们对他也是印象深刻,因为他总是能不经意间成为他们办公室的不速之客，无论是课堂上的小动作，还是课后的调皮捣蛋，他总能让教师们头疼不已。

尽管阿奎的父母在社区中备受尊敬，身为资深的律师，他们在处理各种复杂案件时都能游刃有余，但面对自己孩子的教育问题，他们却深感困惑和无助。他们坦诚地承认，阿奎的行为确实像一场又一场的风波，让他们应接不暇，常常感到无计可施。

让阿奎的父母感到尤为愤怒的是，他们发现一些家长竟然轻易地为阿奎贴上了"坏孩子"的标签。这些家长在背后议论纷纷，甚至当着他们的面指责阿奎，仿佛他已经成了一个不可救药的坏孩子。这种轻易下结论、给孩子贴标签的行为，让阿奎的父母感到十分不满和愤怒。

在一次沟通中，阿奎的父亲激动地说："老师，我知道我家孩子调皮捣乱，给大家添了不少麻烦，但我们并没有放任自流，我们也在严加管教，只是收效甚微。但我们无法接受的是，他被别人随意贴上'坏孩子'的标签。每个孩子都有其独特的成长轨迹和性格特点，我们不能因为一时的调皮捣蛋就否定他们的未来。"

母亲也补充道："作为家长，我们深知教育的重要性。我们觉得学校应该多管齐下，不仅要注重知识的传授，更要加强对孩子的引导和教育。不能让'取外号''贴标签'这种不健康的风气在校园里肆意蔓延。我们应该给予孩子更多的理解和支持，帮助他们建立正确的价值观和人生观。"

【寻根溯源：案例分析】

阿奎的父母，作为社区里备受尊敬的律师，对他们的孩子教育问题感到深深的困惑和无助，并对一些家长轻易给阿奎贴上"坏孩子"标签的行为感到愤怒，这背后的原因主要有以下几点。

（一）保护孩子的本能

家长看到孩子受到外界指责，首先产生的心理反应是保护孩子。这种本能使家长感到愤怒和不满，因为他们不愿意看到孩子受到伤害或被误解。这种保护欲可能会导致家长对外界的指责产生敌对情绪。

（二）对孩子的期望与现实的落差

作为资深的律师，阿奎的父母可能对自己的孩子有着较高的期望。他们可能希望阿奎能够像他们一样，有着出色的表现和卓越的成就。然而，阿奎的行为却常常让他们感到失望和无奈。这种期望与现实的落差，让他们感到困惑和无助。

（三）对"坏孩子"标签的敏感

作为父母，他们深知标签对孩子的影响。他们明白一个"坏孩子"的标签可能会让阿奎在同学中受到孤立和歧视，进而影响他的自尊心和自信心。他们不希望自己的孩子被这样定义，更不希望他因此走向歧途。

（四）面子的压力

由于阿奎的家长在社会上有一定的地位和影响力，他们可能非常在意自己孩子在他人眼中的形象和声誉。阿奎的叛逆行为和多次出现在教师和家长的负面谈话中，让他们的面子受到了严重的挑战。这种面子的压力可能是他们愤怒的一个重要原因。

（五）对他人误解的不满和愤怒

他们觉得其他家长不应该轻易给阿奎贴上"坏孩子"的标签，更不应该在背后议论或当面指责他们的孩子。这种抱怨反映了他们对孩子名誉和尊严的维护，也体现了他们不希望孩子在负面环境中成长的担忧。

（六）对学校和教师的期待与不满

作为父母，他们期待学校能够提供有效的教育和管理，帮助阿奎改善行为问题，而不是成为他们办公室的"常客"。他们对学校和教师未能有效控制阿奎的行为表示不满，认为这是学校管理和教育责任的缺失。同时，他们也希望学校能够采取措施，杜绝类似的风气在班级中蔓延，以维护班级的整体秩序和孩子的健康成长。

【出谋划策：解决方法】

根据埃里克森的心理社会发展理论，7~12岁的儿童正处于小学年龄阶段，此时期的心理发展主要矛盾是勤奋与自卑的冲突。在这一阶段，儿童开始体验到通过自己的努力和坚持完成任务的满足感。学习成为他们日常生活中的主导活动，而学校成了他们社会化的主要场所。成功的学习体验和教师的认可对于增强他们的勤奋感和自我价值认知至关重要。如果儿童在这一时期能够在学业上获得成功，他们通常会形成乐观、进取和勤奋的人格特质。相反，如果遭遇失败或教师的忽视，他们可能会感到自卑，怀疑自己的能力和价值。

埃里克森人格发展八阶段论				
阶段	年龄	冲突	人格发展任务	发展障碍者的心理特征
婴儿期	0~1岁	基本信任感对不信任感	发展信任感，克服不信任感	面对新环境时焦虑不安
儿童早期	2~3岁	自主对羞怯与疑虑	培养自主感，克服羞怯与疑虑	缺乏信心，行动畏首畏尾
学前期	4~5岁	逻辑思维	培养主动感，克服内疚感	畏惧退缩，缺少自我价值感
学龄期	6~11岁	勤奋对自卑感	培养勤奋感，克服自卑感	缺乏生活基本能力，充满失败感
青年期	12~18岁	同一性对角色混乱	建立同一性，防止角色混乱	生活无目的、无方向感，时而感到彷徨迷失
成年早期	20~24岁	亲密对孤独	发展亲密感，避免孤独感	与社会疏离时感到寂寞孤独
成年中期	26~65岁	繁殖感对停滞感	获得繁殖感，避免停滞感	不关心别人与社会，缺少生活意义
成年晚期	65岁以后	完善对绝望	获得完善感，避免绝望与沮丧	悔恨旧事，徒呼负负

与此同时，皮亚杰的认知发展理论指出，7~12岁的儿童处于道德发展的他律阶段。这一阶段的儿童非常重视外在的规则和权威，他们认为规

则是绝对的、不可违背的。在他们的道德观念中，父母和教师等权威人物的意见和判断起着决定性的作用。他们倾向于严格按照规则行事，并以这些规则为标准来评价自己和他人的行为。例如，如果一个孩子打破了规则，他们可能会认为这个行为是错误的，而不仅是考虑具体的情境和后果。

总之，7~12岁儿童的心理发展和道德观念形成是一个复杂而多元的过程。埃里克森的人格发展理论和皮亚杰的道德发展理论为我们提供了深入理解这一阶段的窗口。通过关注儿童的勤奋感培养、提供积极的学习环境以及引导他们对规则的思考，促进儿童心理健康和社会化过程的顺利进行。

我在与阿奎的家长沟通，共情安抚家长情绪的同时，大概描述了孩子的这些心理特征，鼓励家长开放心态，从孩子的角度理解他的行为。针对家长的教育方法，提供更具建设性的建议，如正面管教、行为疗法、亲子沟通等，避免过度惩罚或极端手段。同时，强调我们作为教育工作者，愿意合作解决问题，协助阿奎改善行为，并行动落实。

我先指出阿奎可能正面临着一定的心理压力和困惑，这导致他表现出一些不良行为。我强调了理解孩子内心的重要性，并建议家长在日常生活中多关注孩子的情感需求，尝试与孩子建立更加亲密的关系。

针对家长的教育方法，我提供了一些更具建设性的建议。我介绍了正面管教的理念和方法，强调其在培养孩子自律性和责任感方面的积极作用。同时，我也提到了行为疗法和亲子沟通等策略，帮助家长更好地应对孩子的行为问题。我特别强调了避免过度惩罚和极端手段的重要性，因为这些方法可能会对孩子的心理造成进一步的伤害。

在沟通过程中，我始终保持开放和合作的态度，让家长感受到我们是真心实意地愿意与他们一起解决问题。我明确表示，作为教育工作者，我们的目标是帮助阿奎改善行为，促进他的全面发展。

为了确保阿奎的行为改善计划得到有效执行，我策划并实施了多项具体行动和策略。

（一）以善引善

阿奎虽然调皮，但他是一个极其热爱劳动的孩子，他总是乐于在课余时间主动承担班级清洁工作，无论是扫地还是擦黑板，他都能做得井井有条。为了肯定他的这种优秀品质，我每天给他安排一项为班级服务的劳动，并在班上公开表扬他，并通过拍照的方式将他的劳动身影记录下来，发到班级群。这样的举措不仅是为了增强阿奎的自信心，让他在同学们中间树立起正面榜样形象，同时也是为了消除其他家长可能存在的误解，让他们看到阿奎在集体中的积极贡献和成长。

（二）包容支持

在班级内推动正面文化和包容态度，鼓励同学们看到阿奎的优点和改变，而不是仅仅关注他的负面行为。安排一些团队活动或合作项目，让阿奎有机会展示自己，与同学建立积极的互动。在建校30周年的庆典上，我特意给擅长做手工的阿奎报告了环保走秀。在这个节目中，阿奎戴着自己制作的龙头，充满自信地走上了舞台。他的创意和手工技艺得到了同学们的阵阵掌声，这不仅是对他个人能力的认可，更是对他积极参与、努力进步的最好肯定。

此外，我们还鼓励同学们在日常学习和生活中多关注阿奎的进步和成长。在班级会议上，我们专门留出时间让阿奎分享自己的学习心得和成长经历，让其他同学能够更加了解他的努力和付出。

（三）乐做桥梁

为了进一步促进阿奎与家长的亲子关系，以及发掘和培养阿奎的多元智能，我们建议阿奎的家长多组织一些亲子活动。这些活动不仅有助于增进家长和孩子之间的情感联系，还能帮助家长更好地了解孩子的兴趣、特长和潜能。

在一次学校举办的"亲子武术"比赛中，阿奎的爸爸积极参与，与孩子同台竞技。比赛中，父子俩配合默契，动作有力，展现了武术的魅力。

比赛结束后,阿奎紧紧地抱着爸爸,久久不肯放手。这一刻,阿奎的脸上洋溢着自豪和幸福的笑容,爸爸也感受到了孩子对他的依恋和信任。这次"亲子武术"比赛不仅让阿奎体验到了成功的喜悦,更让他感受到了家庭的温暖和亲情的力量,还有效地增进了亲子关系,让阿奎更加自信、勇敢和坚强。

(四)畅通沟通

在引导阿奎求进步期间,定期向家长反馈阿奎的表现和进步,让他们感受到学校和家庭的合作对阿奎产生了积极影响。同时,也鼓励家长带阿奎参与社区活动和志愿服务等,帮助他建立正向的社交关系,增强社会责任感和自我价值感。

通过这些措施,我帮助阿奎的家长更好地应对他们的困扰,同时促进阿奎在学校和家庭中的积极发展。更重要的是,我们保持家校沟通开放和尊重的态度,与家长合作解决问题,而不是仅仅提供建议或批评。

例如,我们可以定期与家长进行反馈沟通,共同评估孩子的进步和需要调整的地方。同时,我也鼓励家长在家中为孩子创造一个积极、支持性的环境,以便他能够更好地实施改善计划。

总的来说,我与阿奎的家长进行了深入而富有成效的沟通。通过共情安抚、提供建设性建议和鼓励合作解决问题的方式,我相信我们能够为阿奎创造一个更加积极、健康的成长环境。

【指点迷津:教育思考】

家校良性沟通是教育中的重要环节,它涉及班主任、学生和家长三方之间的密切合作和相互理解。在这种良性沟通的基础上,教育才能真正发挥出其最大的效能,为学生的全面发展提供有力支持。

首先,班主任作为"总导演",需要发挥主导作用,搭建起家校沟通的平台。班主任要全面了解学生的家庭背景、成长经历以及个性特点,以便在沟通中能够更好地把握学生的需求和问题。同时，班主任还要积极与家长沟通，了解家长的教育观念、期望和要求，为制定个性化的教育方案提供依据。

其次，学生作为"编剧"，要积极参与家校沟通的过程。学生应该主动与家长分享自己的学习和生活情况，让家长了解自己的成长和进步。同时，学生也要认真听取家长的建议和意见，积极改进自己的不足，努力提升自己的综合素质。

最后，家长作为"演员"，要投入情感参与家校沟通。家长要关注孩子的学习和生活状况，积极与班主任沟通，共同探讨和解决孩子成长过程中遇到的问题。家长还要关注孩子的心理健康和成长需求，为孩子提供必要的支持和鼓励。

在家校良性沟通的基础上，班主任、学生和家长可以共同制定个性化的教育方案，为学生的全面发展提供有力支持。同时，这种良性沟通还能够增进彼此之间的理解和信任，形成良好的教育合力，为学生的成长创造更加有利的条件。

总之，家校良性沟通是教育中的重要环节，需要班主任、学生和家长三方共同努力。只有通过真诚的沟通和合作，我们才能共同推动学生的全面发展，让教育的剧情更加精彩纷呈。

家校沟通：不内耗，慧沟通

深圳中学龙华学校　陈悦

家长和学校理应是一对教育者，切实有效的家校沟通不仅有助于增进双方了解与互信，更有利于双方密切配合，形成教育合力，共同为学生营造健康和谐的成长氛围。然而，现实生活中，如果沟通出现了问题，非但不能打开家长们的心"门"，还会让对方排斥，教师在管理上就更加困难重重。

如何攻破家长"心"门？在与家长沟通过程中，班主任如果能换位思考，便能与家长形成共振共鸣，学生教育和班级管理都会收到事半功倍、水到渠成的效果。因此，班主任必须有一双敏锐的眼睛，懂得察言观色，恰如其分地运用相关心理学理论，使之成为自己日常工作的助推器，改聚焦问题为聚焦解决，这样，教师才能帮助家长远离"问题"本身带来的消极影响。一旦家长看到改变即将来临的预设画面时，"花径只待用心扫，蓬门今始为君开"的场景就会来到，"家校共育"工作就进入良性循环。

【情境再现：案例回放】

周二班会课，班干部竞选如火如荼地进行，突然，我收到了小金妈妈的连环电话轰炸。小金是班里一位率性活泼，但比较依赖家长，规则意识还有待加强的阳光小男孩，且小金适应学校生活的时间比其他孩子久一些。课后我赶紧回拨过去，小金妈妈在第一声铃响后立刻接起电话，口气是愤怒的，语速是急促的，能想象小金妈妈此时的激动心情："我儿子刚才打电话，怪我没给他报名，都没有竞选班长的资格，很难过，我现在要补选班长。"我耐心地解释竞选流程，这位妈妈的第一反应是制度不合理，特别强调了自己儿子的优秀，胜任班长绰绰有余。等她发泄完情绪，我又拿出那份上周在家长群公布过的班干部职责表，语重心长地劝说："除了班长，还有其他49个服务岗位供孩子选择，每一个都是了不起的班级小主人"。这位母亲回答说："老师，就算是孩子，他也有他想要的岗位，我们不能因为没有这个岗位就退而求其次。所以，我已经安抚了孩子，我们好好学习，不要在乎这些虚名。"面对家长对"我儿子只能当班长"的执念，我不与其争辩，打算换个思路疏导。

第二天，我单独找来孩子，询问他内心的想法。他觉得班长很威风，像森林之王一样，他喜欢这种众星捧月的感觉，妈妈也认为班长在班干部中地位最高，所以他"只能当班长"。听到这里，我忍俊不禁，小孩子的世界就是这么单纯啊！掺入一些成人世俗的标准，反而把问题复杂化了。当即，我带小金去参观高年级的自主管理，让他着重观察班长的工作。半天下来，他一边跺脚，一边感叹："学习这么累，还要管这么多事，课间都没时间玩，当班长太辛苦了，我不想干！"他立刻给妈妈打去电话手表诉苦。

孩子的心结打开了，妈妈的心还拧巴着。我思前想后，这位妈妈的核心诉求是什么呢？这次的电话家访让我看到了高焦虑的妈妈，她望子成龙，总希望在自己的范围内为孩子争取到最大的利益。而这种代劳思维的背后，是孩子独立自主能力的缺失。当我识别到家长的这种情绪后，剥离她所陈述的事实与情绪，决定将班长的一小部分权责下放，设置"轮值班长体验日"，既能提升学生的自主管理能力，又减轻了班长的负担，一举两得。在具体实践过程中,轮值班长的岗前培训至关重要,我邀请了其他班/年级优秀班干部来示范一日常规,效果良好,得到了大家一致好评。轮值期结束,这位妈妈也向我发来感谢信:"谢谢陈老师给孩子机会,让他圆了自己的梦,独立性强多了。未来,我们一起加油!"

【寻根溯源:案例分析】

美国心理学家埃利斯所创建的情绪ABC理论认为,人的消极情绪和行为障碍结果(C),不是由某一诱发性事件(A)直接引发的,而是由经受这一事件的个体对它的不正确认知和评价所产生的错误信念(B)直接引起的。错误信念也称为非理性信念。埃利斯认为,正是由于我们常有一些不合理信念,才使我们产生情绪困扰。因此在面对家长质疑甚至责难时,如果教师能调整心态,发现事情背后的正面动机,就能够避免让沟通陷入僵局。

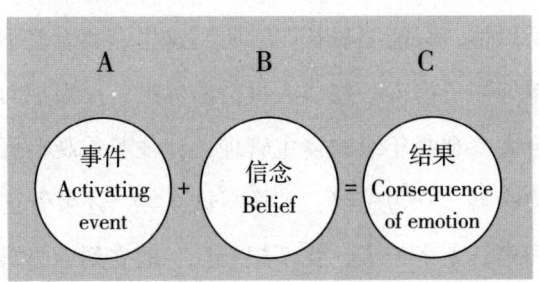

案例中,对应情绪ABC理论,"A"是孩子错失班长职位,"B"是家长"以自我为中心"的心理诉求,"C"是家长不满意班级制度。在这件事整个反应模式中,家长以"自我为中心"(B),觉得孩子错失班长一职(A),是由于班干部竞选规则不合理(C)。

站在教师角度,这一次家校沟通出现问题,是由于家长护子心切造成的。实际上,当面对家长质疑时,如能运用情绪ABC理论改变信念,发现家长的正面动机，就会改变教师对事件本身的认识，从而避免与家长的沟通陷入僵局。如这位母亲特别在意孩子入学后是否得到了教师的表扬和赞赏，孩子能否成为班干部，尤其是班长，认为这些是"孩子被看到"的有力佐证。她认为班干部制度不够完善，担心自己的孩子"不被看见"，教师应该感到理解和高兴，因为只有爱孩子的家长才会理解和配合学校教育。这位妈妈在微信上发表意见，说明她对班长选举制度有自己的理解。

在具体沟通环节，班主任采用"三明治法则"，先感谢家长对班级事务的关心，对孩子的培养非常不错。再夸孩子，说孩子有很多优点。最后表达期望，即不管什么岗位，孩子都要认真对待，每一个都是"了不起的班级小主人"。我们不应以成年人的标准将岗位分高低，学生在岗位上做事，不是给班主任打工，而是为了锻炼、提升、展示自己，由此获得成就感。

【出谋划策：解决方法】

（一）巧用情绪ABC理论，发现正面动机

当面对家长的不满时，我运用情绪ABC理论改变信念，发现家长希望孩子"被看到"的正面动机，反省班级制度有待完善的地方。为了避免引发一年级家长的焦虑，培养孩子们的责任和主人翁意识，我的做法是：

（1）一年级第一学期设立轮值班长职位，淡化唯我意识，每个孩子都是班级的主人，避免家长和孩子的"班长情结"，增加焦虑。

（2）人人有事做。每人负责一至两个岗位，让每个孩子体会为同学服务的成就感和价值感。

（3）每天用语言和文字鼓励认真负责的小班干部，营造班级是我家的温馨友爱氛围。

（4）发现并培养得力的小助手，下学期再委以重任。

（二）妙用归因理论，化干戈为玉帛

根据韦纳的归因理论，我和家长一起思考这个过程中为什么学生会错

过流程,家长反映"平时都是我提醒、都需要我督促"等,这就充分暴露了家长代劳太多的问题。孩子现在可以怪家长没有替自己报名,以后考不好是不是怪家长没有给自己复习呢?此时,引导家长进行内归因,要让父母明白,学校的每次活动都是孩子长大的体验机会,我们慢慢等待孩子根据自己的节奏去体验,要把选择权还给孩子自己。也许父母的本意不是和班主任对抗,只是不知道该怎么办。我们要根据规则进行班级活动,也要安抚好家长和孩子的情绪。温柔地坚持,你会有不一样的发现。我们需要提醒父母注意的是,要有边界意识,要知道哪些是孩子应该完成的事情,而不是一味争赢,让孩子去承担自己无法承担的事务。归因的三维度六因素见下表。

因素	内外维度		稳定维度		可控维度	
	内部归因	外部归因	稳定归因	不稳定归因	可控归因	不可控归因
能力高低	√		√			√
努力程度	√			√	√	
工作难度		√	√			√
运气好坏		√		√		√
身心状态	√			√		√
外界环境		√		√		√

如果一个孩子不断地被侵入边界,他会认为,这不是自己的事情,这是别人的事情,到了青春期,他会陷入一种冲突,会发现自己无能、无奈,后续的很多问题将无法预计。

【指点迷津:教育思考】

班级制度是班级正常运行的重要保障。值日班长在班级管理中是个很特殊的岗位,它不是由某个同学固定承包的,而是全班同学轮流担任,按照学号顺序,每个人做一天,循环往复。至于班长,按照班级每天的运作流程,在某些节点上做一些管理或服务工作,相当于班级一天的事务总管。值日班长是一种理想的设置，如果这些工作都能做到位，班级管理质量将大大提升。但实际效果是远达不到预期的，根本原因是每个人的能力和责任心差距太大，比较负责的同学能够做到95%，少数责任心不强的只能做一点，还需要班主任不断地提醒，工作水平参差不齐，所以在实行过程中也是断断续续。虽然这个制度不完美，但是它倡导了"人人为我，我为人人"的自主管理理念，给所有学生都提供了公平参与班级管理的机会。如果因为某些同学责任心或能力不强，就把他们排除在班级管理体系之外，他们将会无法产生主人翁意识，也无法做到换位思考，理解管理的不容易，从而矫正自己的行为偏差。所以说，轮值班长教育意义要超过实际意义。

此外，面对焦虑型家长，教师的思路一定要清晰，一定要跳出家长纠结的某件小事，从大方向上安抚家长的情绪。比如家长反馈的问题，通常可以归类为学习类和情绪类，需要从家长的叙述中了解到家长在教育哪类问题。面对焦虑型家长的回复思路是，点明共同努力的方向+具体努力措施+宽慰。情绪类的比较复杂，焦虑内容包含并不仅限于孩子的社交能力、解决问题方式等，怀疑孩子是否由于个人能力不足，导致一些突发状况影响孩子心理。情绪焦虑型家长的倾诉欲比较强，一定耐心听家长把担忧或者不满讲完。不要打断家长的倾诉，回复思路可以是宽慰+肯定+持续关注。例如，"您别着急，特别理解您的心情，理解您怕这种情况持续对孩子心理上造成不好的影响。我也会在班级里了解整件事，然后对孩子单独进行正面引导，不要让孩子因此产生什么不好的情绪。我特别愿意配合您一起解决问题，帮助孩子走出困境。能感觉到你孩子的心思是比较细腻的，今后也会多加关注他的状态，多帮助和引导他××的方法"。这类家长教育的孩子也比较敏感，容易产生负面情绪。我们一定要多关注这类学生，不批评，适度引导，心理健康第一位，一旦孩子产生负面情绪，家长误会是教师伤害了孩子，也会引发家校冲突。

琴瑟和鸣之家校共筑品德殿堂

深圳市福田区荔园小学（百花） 霍琰

当今社会，家庭与学校作为孩子成长过程中重要的教育载体，承载着培养下一代的使命与责任。家校沟通作为家庭与学校之间信息传递和互动的桥梁，通过及时有效的沟通，家长和教师可以分享关于学生学习、行为等方面的信息。同时，家校沟通也能为家长提供了解学校教育教学情况、参与学生学习、了解学校政策的机会，有助于家庭与学校保持密切联系，形成育人合力。然而，由学生小摩擦引起的家校沟通又常常面临诸多挑战和障碍。

【情境再现：案例回放】

周一放学路队时，小勇和小颖发生了摩擦，小勇不小心用书本打到了小颖的头，班上的学生一下子炸了锅，跑来找我！我找小颖和小勇了解情况，调解矛盾，联系双方家长，还利用第二天的班会课让小勇检讨自己的错误。在我这件事情告一段落时，小颖的妈妈晚上11点多给我打了7个电话，深夜12点多给我发了大篇幅的信息，哭诉孩子的委屈。

面对小颖妈妈晚上连续打来的电话和凌晨发送的长篇信息，我感觉到事态的严重性。尽管已经很晚，但我明白作为教师，我有责任和义务去安抚家长的情绪，解决学生的问题。

我首先回拨了小颖妈妈的电话，耐心地倾听她的诉说。她情绪激动，声音带着哭腔，详细描述了小颖回家后的状态，以及她对这次事件的担忧和不满。我不断安慰她，告诉她我会认真对待此事，确保小颖得到妥善的处理和关心。

挂断电话后，我仔细阅读了小颖妈妈发来的信息。她详细地描述了小颖受伤的情况、心理上的创伤以及她对小勇和学校的期望。我深感愧疚，意识到自己在处理此事时可能还存在不足之处。

【寻根溯源：案例分析】

小勇和小颖的案例涉及学生之间的摩擦、教师的调解以及家长的反应等多个方面。在处理这类事件时，教师不仅需要保持公正、客观的态度，还要关注受伤学生的感受，也要理解肇事学生的无意之举；同时，也需要加强与家长的沟通与合作，共同解决问题。

首先，小勇和小颖之间的摩擦可能是由于无意中的碰撞引发的。在这种情况下，教师需要迅速介入，了解事情经过，确保双方学生的安全，并尝试调解矛盾。教师找双方学生了解情况，是处理此类事件的重要步骤，有助于了解事件的真相，为后续的调解工作打下基础。

其次，教师在调解过程中需要保持公正、客观的态度，既要关注受伤学生的感受，也要理解肇事学生的无意之举。同时，联系双方家长是必要的，因为家长是学生的重要监护人，他们有权了解事情的经过，并参与到解决问题的过程中来。然而，在与家长沟通时，教师需要保持耐心，尽量解释清楚学校已经采取的措施，以及下一步的打算。

然而，在这个案例中，小颖妈妈的反应显然超出了正常的范围。晚上11点多连续打了7个电话，并在深夜12点多发送大篇幅的信息，哭诉孩子的委屈，这种行为不仅打扰了教师的休息，还可能对教师的心理造成一定的压力。面对这种情况，教师需要保持冷静，理解家长的担忧和焦虑，同时坚定地表达自己的立场和态度。

在后续处理中，教师可以考虑再次与小颖的妈妈进行沟通，解释学校已经采取的措施，以及对学生之间产生摩擦的处理原则。同时，也可以建议小颖的妈妈寻求其他途径来缓解情绪，比如与朋友、家人交流，或者寻求心理咨询师的帮助。

此外，这个案例也提醒我们，在日常工作中需要注重培养学生的良好行为习惯和人际交往能力，以减少类似事件的发生。同时，也需要加强与家长的沟通与合作，共同为学生的健康成长创造良好的环境。

【出谋划策：解决方法】

在实践中，家校沟通也面临诸多挑战和问题。常见问题包括信息不透明、沟通不及时、双方理解不一致等。针对这些问题，可以通过建立定期家长会议、家校沟通群、网络平台等途径，增加家校沟通的频次和广度；同时，培养家长和教师的沟通技巧和合作意识，增进双方的理解和信任，共同致力于学生的全面成长和发展。通过积极解决家校沟通中存在的问题，促进家校合作更加紧密。

（一）搭建家校沟通平台

建立家校沟通平台是促进家校合作、共筑品德殿堂的必要举措。通过现代科技手段，如网络平台、手机应用等，家长和学校可以随时随地进行信息交流和沟通。搭建家校沟通平台不仅可以促进信息的及时传递，还能够方便家长了解学校的最新动态和教育政策，增进家校之间的互信互动，为学生成长搭建沟通的桥梁。

（二）家校合作模式探讨

家校合作模式的探讨是家庭与学校共同育人的关键环节。除了定期的家长会和学校活动外，家校可以尝试建立家长志愿者团队，参与学校的各项活动和管理，增进家长对学校的理解和支持。同时，学校也可以邀请家长参与课堂观摩、主题讲座等教育活动，形成家校共同育人的良好局面。家长志愿者团队的参与不仅仅是简单的支持与参与，更是一种实实在在的参与感和责任担当。通过家长志愿者团队参与学校各项活动，不仅能拉近家长与学校的距离，也能为学校提供更多元化的支持与资源。而学校邀请家长参与教育活动，则使家长置身于教育第一线，深刻体会孩子学习的环境和挑战，从而更好地配合学校的育人工作，共同为学生的成长助力。

（三）典型示范分享

学校可以分享交流成功的家校合作案例，激励更多家长和教师投入家校合作中来。同时，媒体和社会也可以通过宣传报道等方式倡导家校共育的理念，推动更多家庭和学校加强合作，共同培养学生的品德素养和综合能力。成功案例的分享和倡导不仅可以激励更多人参与家校合作，也为家校共育提供了宝贵的经验和启示。

【指点迷津：教育思考】

家庭是孩子品德养成的第一课堂，家庭品德教育的重要性不可忽视。在温暖的家庭氛围中，孩子接受到最初的教育，启蒙着人生的道德观念和情感认知。家长是孩子的第一任教师，他们的言传身教影响着孩子一生。良好的家庭教育能够培养孩子的责任感、公德心和价值观，塑造其独立自信、宽容待人的品格。

学校作为教育的重要阵地，承担着批量教育和集体教育的重任，学校品德教育的作用不可或缺。学校不仅要传授知识，更要注重培养学生的品德修养。通过课堂教学、校园文化建设、社会实践等活动，学校引导学生形成正确的人生观、价值观。学校的品德教育不仅需要注重学生的思想道德建设，还要通过实际行动激励学生践行美好品德。

良好的家校沟通不仅有助于促进学生全面发展，还能对其品德养成产生积极影响。家长和教师的密切配合和沟通，能够促使孩子在家庭和学校之间形成一致的行为规范和价值观念，引导孩子树立正确的人生观、世界观和价值观。通过家校共同努力，学生的综合素质和品德修养得以全面提升，为其未来成长和发展奠定坚实的基础。

展望未来，家校共筑品德殿堂的工作还有待不断探索和改进。建议加强家庭教育理念的传播，引导家长正确履行教育职责，提升家长的教育素养和育儿能力；推动学校教育改革，注重品德教育的融入课程教学，培养学生的品格和情感素养。相信随着社会的发展和教育观念的更新，家校共育将迎来更为广阔的发展空间，为培养德智体美劳全面发展的新时代人才贡献更多力量。

是家长也是同行,你会怎么做?

深圳市福田区园岭教育集团百花小学 李婷

教育家苏霍姆林斯基曾说:"没有家庭教育的学校教育和没有学校教育的家庭教育,都不可能完成培养人这一极其艰巨而复杂的任务。"教师给力,家长接力,学生努力,可以说是教育的理想循环系统。家庭和学校教育的对象是相同的,在教育目标上是一致的,即促进孩子各方面健康、和谐地发展。但是由于教师和家长背景不同,看待孩子时处于不同角色,视角不同,因而就会产生各方面的问题,甚至不能合作。在家长群体中,有时候也会巧遇自己的同行甚至是自己的同事,这小部分"也是老师"的家长,在这种特殊的家校沟通中,有时候给我们教师带来的家校挑战或许更大。

【情境再现:案例回放】

刚放下手中的筷子,打开手机一看,已经9点多了,手机上显示着一条来自小A妈妈的留言。这么晚了,家长是有什么事吗?结合往日和小A妈妈的沟通,带着疑惑和一丝担忧,我赶紧打开信息。留言是这样的:李老师,抱歉晚上打扰您,小A自上学期以来一直有反映B同学的一些特殊行为,比如上学期把小A的笔扔垃圾桶,上上周故意借钱不还,上周上数学课对小A竖中指,逐渐积累的行为已经让小A产生了抗拒心理,经常回来情绪低落,内心抵触逐渐加深,小A跟老师反映后由于没有得到及时处理,之后一直害怕跟老师讲,自己也不懂如何去处理同学之间的特殊关系,还请李老师在学校多做协调,以免后期同学矛盾加深无法调解而衍生更加恶劣的欺凌行为。

  看完信息后,我从文字中感受到了小A妈妈的焦虑和担忧。马上回想信息中说到的上学期以来的事以及两位同学平时的交流。但除了义卖活动时借钱那件事以外,我对另外几件事并不知情,印象中小A也并没有主动找过我说这些事情,所以,我不知道信息中说的"老师没有及时处理",是不是说的是我呢?更让我无从下手的是,也没听同学有汇报过两位同学平时有什么矛盾,B同学平时倒是确实与其他小朋友隔三岔五会有小摩擦。一时,我不知道从哪个角度去沟通,因为确实是没有了解到这些情况。小A妈妈可以说是接班后给我印象比较深刻的一位家长,一是刚接班时她有自报家门,她也是一位班主任教师,小A妈妈平时非常忙碌,有时需要催交一些资料;二是当时开学时正碰上上网课,这位家长是第一位因为孩子举手没被叫到回答问题来找教师的家长。我掂了掂,决定先电话和小A妈妈沟通一下情况,表达理解她的担忧,同时我也和她说了B同学比较容易和同学产生矛盾的情况,但和小A的矛盾暂时没有了解到,并希望以后在学校有什么情况,小A能及时和教师沟通,便于引导、帮助同学们处理交往中的摩擦。让我没想到的是,小A妈妈问我:B同学是不是你们学校老师的孩子?李老师您是不是不敢处理她?另外,从小A妈妈的沟通中,也让我了解到家长已经把自己孩子定为了受欺凌的对象,并要求B同学当众向小A道歉。当时听完后,我确实不能理解并有些生气,但因为此前知道这位家长也是班主任的身份,我从另一个角度理解了她这样质问的缘由,把生气化为共情,并向她说明客观情况,表示会及时找孩子们了解清楚事情,便结束了那次通话。

第二天，我先找了几位同学打听两个孩子的情况，但同学们都表示不清楚。接着我单独找了小A和B同学了解情况，小A在我面前表现得并不像妈妈说的那样很在意这些事情，也表示确实偶尔会和B同学产生矛盾，特别是排队时B同学会踩到她的鞋跟。小A还善解人意地主动和我说：我不生B同学的气了，相信B同学会改正过来的。B同学也承认了是排队时踩了小A的鞋跟，有时是故意的，有时是不小心的。同时，我了解到丢笔事件的缘由是，小A把笔送给了C同学，C又送给B同学，所以B同学并不知道原来笔是小A的，但是小A看到了B同学的行为并告诉了妈妈，但她没有和妈妈说她已经把笔送给了C同学，从而加深了妈妈对B同学的误会。另外，义卖活动借钱一事，因为小A妈妈私下联系了B同学的妈妈，在我介入这件事情时，B同学已经把钱还给小A了，小A也表示和B同学和好了，但在小A妈妈看来，正因为她贸然联系B同学妈妈，才让B同学对小A怀恨在心并寻找机会欺负小A。

经过各方了解和沟通，B同学的行为确实给小A带来了困扰，并在排队时有两次故意欺负的行为出现，B同学意识到了错误并在教师面前向小A诚恳地道歉。小A是受困扰的一方，但和B同学的相处情况远远没有小A妈妈想象的那样糟糕，更没有欺凌现象。小A说她更多的是想和妈妈聊学校里发生的事情，不管是好的还是不好的，说到不好的事情时有时会撒撒娇。通过综合了解情况，我也知道了小A妈妈经常早出晚归，顾不上自己的孩子，小A有可能存在想要得到妈妈更多关注的情况。把事情前因后果以及小A的需求和小A妈妈当面沟通后，我肯定了小A妈妈能及时和教师沟通，并没有直接在群里找对方家长，欣赏她同为师者重大局维护班级团结的做法；同时也把客观情况告诉她，让她放心小A在班级和同学相处的情况；再是表示对同是教师的小A妈妈的理解和共情，教师确实太不容易，很多时候把时间和精力、耐心都给了别人家的孩子，却几乎顾不上自己家的孩子。小A妈妈也表示自己可能过多带入成年人的思维和工作经验，由于工作繁忙，平时陪伴时间很少，对小A太过焦虑了。后来在和小A妈妈的沟通中，了解到两个孩子没有再出现矛盾，我才慢慢放下心来。

【寻根溯源：案例分析】

（一）情境认知理论让小A妈妈"自以为是"

这种理论认为知识是在特定的情境中建构的，强调情境在家校沟通中的重要性。在家校沟通中，情境认知理论认为家长和教师应该在具体的教育情境中沟通，以便更好地理解学生的需求和问题。同是教师的家长，在面对自己孩子与同学产生矛盾时，可能会不由自主地用经验主义去解决问题，会觉得自己对学生间的思维更加了解。在这个案例中，小A妈妈本身是初中班主任，她在处理一年级的孩子与同学产生的问题时不自主地想到她日常处理的初中学生之间的矛盾，她或许也把初中生的思想世界带进了女儿与同学的交往中。她忽略了女儿的教育情境，女儿才上一年级，也没有更多地从一年级孩子的心理特点和年龄特点去看待同学间发生的矛盾和冲突。另外，同是教师这一职业，小A妈妈把某些自己遇见过的情境带入和孩子教师的沟通中，才出现了质疑教师：对方学生是不是学校教师孩子，故而教师不敢处理的疑问。所以在这个案例中，小A妈妈基于自己的"工作经验"产生了多重误会。

（二）补偿心理是小A妈妈过度焦虑的根源

通过孩子进行心理补偿的过程几乎是一个自动化过程，常常不被父母意识到，有时即使意识到了也被认为是理所应当，因此更值得为人父母者警醒。小A妈妈因为工作忙碌，时常觉得对小A陪伴太少，有所亏欠，不自觉中，可能会更加紧张小A遇到的任何事情，也更可能在出现一些事情时着急为孩子"撑腰"。在这个案例中，小A妈妈因太过焦虑和觉得对女儿有所亏欠的心理，把同学间相处过程中的矛盾直接上升为校园欺凌的情况。久而久之，这种亏欠心理和反常行为，可能会让孩子觉得只有自己说这些事情的时候,妈妈才会更加重视自己,有更多时间陪伴自己,不经意间给孩子造成了一个误导。另外,小A是个各方面正常的孩子,但却常常没办法按时完成作业,当与小A妈妈沟通时,小A妈妈也曾多次向教师表示这是他们父母的问题,陪伴孩子少了,孩子没养成学习的好习惯,更加注重孩子的身体健康,时间到了就让她睡觉。这就是比较典型的因为补偿心理和觉得自己对孩子有所亏欠,在一些问题上不经意纵容孩子、溺爱孩子,还要给自己找个合理理由的现象。

【出谋划策:解决方法】

(一)换位共情,走进家长的内心

小A妈妈是我学生的家长,同时她也是我的同行。即使在我看来,这位同行并没有更多地理解我的工作,理解学生间的矛盾,但我知道我应该去理解这位母亲,更应该去共情这位同行。在了解清楚事情的来龙去脉之后,我知道了小A妈妈对事情存在一些误解。于是,我先肯定了小A妈妈能及时和教师沟通,并没有直接在群里找对方家长或采取其他极端的沟通方式。我告诉她我欣赏她同为师者的大局风范,肯定她维护班级团结的积极做法。同时,也把客观情况告诉她让她能放心小A在班级和同学相处的情况。再是表示对同为教师的小A妈妈的理解和共情,教师确实太不容易,很多时候把时间、精力和耐心都给了别人家的孩子,却几乎顾不上自己家的孩子。现在,孩子遇到了困难,受了委屈,作为父母,肯定都是关心孩子,希望第一时间帮助到孩子的。另外,我也理解她,同为教师,就是因为明白校园欺凌对孩子们带来的巨大伤害,深知校园欺凌必须得到学校和教师的密切关注,要防患于未然,才会这么紧张,才会提醒我注意关注。这样,家长能感受到我对她的行为的理解,感受到我对孩子的关心、对事件的重视,就会平复心情继续与我合作去帮助孩子。

（二）勤于浇灌，注重平时的沟通协调

作为班主任，遇到此类事件时，与家长及时沟通便显得尤为重要。与家长的沟通不是在事发后才开始的，应该立足平日。教师平日与家长沟通顺畅、获得家长的尊敬和信任，即使真的发生了问题，家长从情感上也会体谅教师、尊重教师，不给教师添麻烦，尽量采取宽容之心平和对待。正可谓"不积跬步，无以至千里；不积小流，无以成江海"。教师在日常的工作中多表扬孩子的优点，客观公正地指出孩子的不足，让家长准确地了解自己孩子在校的真实表现，做到防患于未然，避免家长因不了解而产生误解。对于小A，可能我在平时的工作中确实有些疏忽了，就如她与B同学发生的这些摩擦我都未曾了解到一样，我在平日的家校沟通中并没有做好应该有的铺垫，这也许是同为同行的家长会误解我可能存在不公正的原因之一。

（三）用心关注，积极引导学生

很明显，小A在学校遇到事情，并没有及时主动和教师沟通，而是选择了告诉家长，寻求家长的帮助。在平日里，作为教师，需要更有心地关注学生的课余生活，关注班级同学的交往问题，耐心倾听同学们的心声。引导同学们在学校有什么问题，受到什么委屈，与同学产生什么矛盾，自己觉得没办法去解决时要第一时间与教师沟通，寻求教师的帮助，这样，教师才能第一时间帮助同学们。另外，也要引导学生与家长沟通学校里发生的事情时，做到客观描述，自己不清楚的、自己假想的情况不能随口就说，不然很可能让家长产生误会，让家长担忧，甚至给自己带来不必要的麻烦。

【指点迷津：教育思考】

对于一年级的孩子来说，同学间出现相处矛盾的事例可以说是比较平常且频繁的。可能对大部分家长而言，也是一样会关注、会焦虑、会找教

师沟通，但可能不会动不动就上升到校园欺凌的角度。那为什么同为教师职业的家长，却会更加不理解学生间相处出现的这些普通矛盾呢？更加担心自己的孩子受伤害被欺负呢？更加觉得教师在处理学生问题上可能出现不公平呢？更加能容忍自己孩子可以不完成最基本的学习任务呢？这些都引发了我的思考。

参考文献

［1］B. A. 苏霍姆林斯基. 给教师的建议［M］. 北京：教育科学出版社，1984.

［2］李秀萍，司学娟. 班主任工作的30个典型案例［M］. 上海：华东师范大学出版社，2013.

互赖模式下的家校沟通

深圳市福田区园岭教育集团百花小学　伍占凤

沟通是人类社会活动中至关重要的一环，涉及信息的传递、理解和共享。

家校沟通对于孩子的教育和成长具有重要意义。家长和教师应该保持密切的联系和良好的沟通，共同关心孩子的学习和发展，共同努力为孩子的未来奠定良好的基础。交际模式中互赖模式重视人际关系和团队精神，愿意与他人分享资源和信息，共同实现共同的目标。如果家校沟通能建立互赖模式，定能发挥家校共育的最大力量。

【情境再现：案例回放】

在教师和同学眼中，W同学和H同学是"形影不离"的好朋友。一天放学，H哭着跑到我的办公室，告诉我她的笔袋不见了，其他同学告诉她，午托休息时间，W带着几个女孩把她的文具袋丢到厕所里，并且还对着文具袋撒尿，她们把好看的文具分走了，不好看的都丢到厕所的垃圾桶里了。得知此事，我疑惑不解，W和H不是好朋友吗？到底怎么回事？带着疑惑，我先安抚H的情绪，并告诉她老师一定会调查清楚并严肃处理这件事情。接着我找到午托中和W关系比较好的几个同学询问此事，得到她们肯定的回复后,对她们批评教育了一番,接着单独找到带头的W。刚开始,W含糊其词,说就是想闹着玩,是另外一个同学说要这么做的。W说了很多,其重点就是想推卸责任,这和前几位同学说的不太一样。于是我用了一个"白色谎言",告诉她只要诚实交代,我就不会把这件事告诉她的父母。最终,W哭着把实际情况告诉了我,和H反馈的情况是一样的。这件事的性质可大可小,几个同学合伙欺负一个同学,往严重说算"校园霸凌",往轻说是几个小孩不懂事,闹着玩。于是,我严肃地告诉W:"这件事情影响到你的成长,是非常重要的,老师要说抱歉了,不能遵守承诺,我必须告诉你的父母,并且和你家长一起来帮助你。"W一边点头一边泪如雨下。当天,W和其他几位涉事的同学,按照我的要求写下自己的错误行为,并诚恳地向H道歉,H也原谅了大家,但是她哭着说:"我把她当作我在班级最好的朋友,她为什么这么对我?"W同学也立马回复了:"我不觉得你是我的好朋友,最多算是普通朋友吧。"听完W的回复,H更加崩溃了,原本稍微缓和的道歉氛围又紧张了起来。我立马告诉W,无论是好朋友还是普通同学,你都不能欺负人,要友好相处。

解决完学生之间的矛盾后,我立即在课后延时服务的第一节课找到W同学的妈妈。听完我的描述,并看了孩子写的道歉信,这位妈妈泪流满面,她认为孩子在学校和在家里的表现完全不一样。我回答道:"孩子在家和在学校表现不一样这是很正常的,所以才需要家校共育,一起去发现孩子的特点和问题,及时给她提供帮助和指引。"听到我是来帮助她小孩的,W妈妈也平复了情绪。经过商量,最终我们决定让W妈妈带着W当面道歉,并买一个H喜欢的小物品或者同样的文具盒来安抚H受伤的心灵。

接着,我联系到H的家长,并将此事一并告知。H家长痛心不已,并告诉我:"W私下经常欺负H,因为家长私下关系还不错,又想着三年级的小女孩也不会干出什么严重的事情,所以一直忍着,也教育H多忍让

W，没想到，长期的忍耐竟然助长了W的嚣张气焰，这次也太欺负人了！W必须为此事负责！"H家长一直以来是非常平和并且非常配合学校班级工作的，我这也是第一次看到她如此激动。我一边安抚她的情绪，一边告知W家长对此事的态度。H家长说这不够，H受到的心灵伤害太深了，小小年纪三观被动摇了，W应该当着全班的面给H道歉。我把H家长的诉求告知了W家长，W家长非常犹豫，担心当着全班面道歉会不会给孩子留下阴影，本身孩子也是好面的人。同时W家长还提出，与这件事有关的不光只有我家孩子，还有午托的其他孩子，如果要当着全班道歉，那几个孩子也要道歉。

为寻找最佳解决方案，考虑到多方诉求，我决定在班级开一个"我会照镜子"的班会。每个同学轮流上台发言。"我会照镜子"班会分为三个环节，一是"夸夸我的优点"，写出近段时间自己做得好的地方，至少三点；二是"找找我的问题"，写出近段时间自己做得不好的地方，或者自己想和谁说"对不起"但不敢说；三是"想想解决办法"，针对目前自己遇到的问题，能做什么努力，希望教师如何帮助自己。我把这个想法一并告知与此事相关的家长，并让家长协助孩子写好内容，并鼓励她们勇敢地面对自己的错误。这一措施，得到了各方家长的一致赞同。

班会当天，W和另外几个午托的同学当着全班的面给H同学诚恳地道歉了，道歉内容令人感动，好多同学都哭了，包括H。同时还有意外的收获，与此事无关的同学也做了深刻反省，把我不知道的一些事情也在班会上一并说了，该道歉的道歉了，该感谢的也一并感谢了。其乐融融的班级氛围中，充满了泪水和笑声，我想这就是成长吧。

学号_____   姓名_____   班级_____

主题班会：我会照镜子

夸夸我的优点（写出近段时间自己做得好的地方，至少三点）	1. 2. 3.
找找我的问题（写出近段时间自己做得不好的地方，或者自己想和谁说"对不起"但不敢说……）	
想想解决办法（针对目前自己遇到的问题，能做什么努力，希望教师如何帮助自己）	

【寻根溯源：案例分析】

美国心理学家哈罗德·拉斯韦尔提出交际模式理论，用于描述人际关系中的四种基本交际模式，即被动、依赖、独立和互赖。这些模式描述了人们在交际过程中所表现出的行为和态度。其中互赖模式的人倾向于与他人合作和共同努力，相信团队合作和协作的力量。他们重视人际关系和团队精神，愿意与他人分享资源和信息，共同实现共同的目标。互赖模式的人通常具有良好的沟通和合作能力，能够建立和维护良好的人际关系。

作为班主任，如果能够和家长建立互赖模式的交际模式，想必定能减少家校沟通矛盾，发挥家校共育的最大力量。案例中，过错方家长和受害方家长都能在教师的反馈中合理表达自己的诉求，并能接受教师的建议，这离不开教师平时与家长的密切沟通，在前期的沟通中和教师相互信任，只有在信任的基础上，当自己的孩子遇到问题的时候，才能正确表达情绪。W家长明确孩子所犯的错误，并没有逃避，但要求教师一视同仁，且希望保护孩子敏感的内心。W家长为什么会崩溃大哭？一是对自己孩子的行为无法置信，二是羞愧。W家长是我们班的热心家长，经常为班级的活动张罗，教师也常常给她为班级服务的行为点赞。W家长的朋友圈也是经常晒娃，分享孩子各种比赛中的好成绩。在其他家长眼里，她是班级优秀家长的代表。孩子如今犯了这样的错误，她为自己教育的失败感到羞愧。H家长希望W能够当着全班的面给孩子道歉，要的就是W的这份态度和改错的决心，利用羞耻感来教育她，并希望H在这个过程中明白，做错事的人一定要为自己的行为负责，人的忍耐是有限度的，一味地容忍只会助长"坏人"的气焰。两位家长的想法是都是可以理解的。

教师的解决方法，正是利用了互赖模式交际理论，让师生之间、家校之间产生依恋和信任，这样才能更好地利用双方诉求达到解决问题的目的。同时，在整个家校沟通中，教师都是主动方，在了解事情全貌的基础上，主动出击，站在对方角度考虑问题，换位思考，最终达到良好的交际效果。

【出谋划策：解决方法】

为取得家长多方支持和认同，教师应该在平时工作中和家长保持良好的关系，时不时在群里表扬感谢家长为班级的付出，与家长建立互赖模式的交际关系，重视与家长的合作。如何和家长建立互赖模式的交际关系？我的做法有以下几点。

情感先行。无论是何种类型的家长，当他主动找教师的时候，一定是带着某种目的或者情绪的，只要不是太过分的要求，我们首先在情感上表示理解，这样一下子就拉近了距离。一句"我特别理解您"，对方就会放下戒备，展示自己的真实想法。

句句有回应。面对家长合理的诉求，尽量做到句句有回应，不让话掉在地上。这也是建立信任的一种方式。

抓住每个表扬家长的机会。利用好QQ群、微信群等现代化信息手段，及时表扬、鼓励和感谢家长为班级、学校的付出。

掌握沟通主动权。一是要建立积极的沟通氛围。教师可以通过友好、开放、耐心和尊重的态度来建立积极的沟通氛围，应该积极倾听家长的意见和建议，尊重家长的感受和需求，以此建立起良好的信任基础。二是要及时、准确地传递信息。教师应该及时、准确地向家长传递学生的学习情况、表现和需求，确保家长能够及时了解孩子在学校的情况。可以通过电话、邮件、短信等多种方式向家长发送信息，以确保信息的及时传达。三是要主动邀请家长参与。教师可以主动邀请家长参加学校的家长会议、家访活动、课堂观摩等活动，让家长有机会参与到学校的教育管理和决策中来，增强他们的参与感和责任感。四是要定期沟通和反馈。教师可以定期与家长进行沟通和反馈，分享学生的学习进展和成绩，以及可能存在的问题和解决方案。可以通过家长会议、个别面谈、家访等方式与家长进行交流，及时解决问题，调整教学策略。五是要提供支持和建议：教师可以向家长提供学习支持和建议，帮助他们更好地支持孩子的学习和发展。可以提供学习资源、辅导建议、家庭作业指导等方面的帮助，帮助家长更好地了解孩子的学习需求和问题。

【指点迷津：教育思考】

不难看出，在上述案例中，教师的解决方法，都是第一时间安抚情绪，表示理解，同时在沟通中让家长明白，每个孩子都会犯错，老师不会因为孩子的过错就戴着有色眼镜看人，教师是来帮助他改正错误的。首先，家长得到教师的理解，就会放下防备心理。其次，教师也会明确表达自己的态度，犯错是正常的，但是要为自己的错误负责，并从过错中成长。最后，教师巧借班会平台，让每个同学做反思。一方面给足了W家长面子，保护W同学敏感的内心，同时也给了其他几位午托同学道歉的机会，也让她们意识到问题的严重性；另一方面，满足了H家长的诉求，更好地安抚H同学受伤的心灵，同时巩固了师生之间的信任，让所有同学明白，教师是公平公正的，在学校有什么事情都要第一时间来找教师，教师一定会帮助你的。

总之，当学生之间发生矛盾冲突时，教师应该在第一时间了解事情全貌，不偏不倚，做到公平公正。然后主动出击，联系家长，理解情绪，换位思考，给家长提供帮助和解决方法，让家长感受到教师是真心在帮助他孩子，并没有针对孩子的意思，让家长放下戒备。解决矛盾冲突的关键在于了解双方诉求，并在最大限度中满足多方诉求。此外，为预防大多数家校沟通的矛盾和误解，应提前建立互赖模式交际模式，让师生之间、家校之间产生依恋和信任，这样很多问题都可以更加顺利地解决。

换位共情，帮助心理危机学生走出困境

深圳市福田区荔园小学（百花）　银珏

家校沟通是学校家庭教育和心理健康教育工作中的重要步骤，不但有助于实现信息共享，全面了解学生的真实心理状态和发展状况，还能有效地预防心理危机事件发生。绝大部分心理危机事件出现的根源是家庭关系不良，特别是对于需要转介到心理专科医院的高危学生来说，除了必要的药物治疗，家庭的支持也是重要的保障，家校沟通成功与否，直接影响着学生的后续治疗和成长。若学生处于孤立无援、无家庭支持的境地，可能会加重心理问题，甚至导致心理危机事件发生。所以调动家庭资源，家校联动是预防心理危机发生的关键点。本文通过案例实践来探讨与心理高危学生家庭沟通的困难和应对技巧。

【情境再现：案例回放】

遭遇家校沟通困局，"问题家长"复现，转介就医遇阻。

小A是一名六年级男生，个子较高，脸上长有明显的胎记，性格内向敏感，不爱与同学交往，家庭条件比较差，租住的住房面积小，和妹妹挤在一间房里。家庭收入受到影响，奶奶又来到了家里，还生了病，需要供养，家里的气氛更紧张了。父母经常因为一点小事大吵大闹，甚至摔打东西。在这样的环境中生活，免不了心惊肉跳，倍感压抑。在学校和同学交往的过程中，小A被同学嘲笑游戏水平低，又没钱买装备，很受刺激，郁郁寡欢了很长时间，情绪越来越低落，经常莫名地哭泣。在作业中遇到需要思考的题就直接空在那里，懒得思考。作为家中年纪最大的孩子，又被寄予很高的期望。每次爸爸问起成绩时，只能用撒谎来搪塞。对学习、生活充满了无力感，生无可恋。一次体育课前，他在走廊上试图翻越栏杆，有较明显的自杀倾向。教师发现后，立即启动危机干预流程，邀请小A父母一起来校，希望通过家校合力帮助学生。

小A的妈妈如约前来，爸爸因为腿不方便缺席。在与家长会谈的过程中，心理教师和班主任向家长介绍小A出现的各种状况，说明了评估的结果，科普了抑郁表现的知识，强调了可能导致的影响和危害，希望家长一定要高度重视。小A妈妈反馈，最近也发现小A有类似的异常表现，而且早在网课期间，孩子就曾消极地说"不想活了"，但他们当时以为孩子是开玩笑，并没有在意，而且爸爸认为，儿子种种表现说明他软弱、矫情、不够坚强，经常批评孩子，甚至以暴力相待，父子关系因此越来越紧张。在听取了心理教师的转介建议后，小A妈妈在告知书上签了字，并承诺周末带小A去医院，同时向班主任反馈医生诊断结果，以便学校和心理教师后续制定并开展有针对性的跟踪辅导工作。

但周一返校后，孩子并没有按时到心理辅导室，家长也没有任何反馈。心理教师及时联系学生了解情况，原来问题出在小A爸爸身上。妈妈确实带孩子去了医院，小A被诊断为中度抑郁，需要服药治疗，医院要求定时复诊。但小A爸爸强烈反对孩子吃药，认为"神经病"才吃药。他认为小A是装出来的，并因此教训了孩子，并叮嘱小A妈妈不要告诉学校，怕学校开除他，怕同学知道后嘲笑他。还通过自学帮小A针灸、艾灸，把小A的背部烫出了几个大水泡……小A虽然愿意配合医生的治疗，无奈得不到家长的理解和支持。他尝试说服家长，但改变不了家长的看法，这一切使他更加痛苦，甚至感到绝望，从而产生更加强烈的自杀意念。

【寻根溯源：案例分析】

事实上，学生心理危机状况的形成、发展与改变与父母的态度有很大的关系。有研究表明，个体情绪失调和自伤行为受亲子关系的直接影响，青少年自伤行为的发生和亲子依恋的质量成反比，缓和并改善亲子关系对于防控青少年的自伤行为有重要意义。因此，亲子关系可能是孩子心理问题的重要成因，也可能是帮助孩子度过心理困境的重要资源。

【出谋划策：解决方法】

（一）调整家校沟通策略，积极为家长赋能，构建家校正向结盟模式

根据高危学生一人一案的要求，针对小A的家庭情况，学校成立了专门的小A心理危机干预小组，成员有校级行政领导、班主任和心理教师。通过调整沟通策略，希望通过发现家庭积极资源唤起家长的力量，我们再次邀请小A的父母到校，一起帮助孩子走出心理困境。

1. 倾听顾虑，理解共情，情感交流为先

首先，主动询问、认真倾听家长的想法和担忧，共情理解家长。这是家校沟通的基础。其次，在交谈中不断捕捉家长为孩子付出的具体事例，肯定家长的付出。多表达对家长的理解，安抚家长焦虑紧张的情绪，这样他们才能放下防备，愿意和学校结成同盟，共同帮助孩子。

通过会谈，了解到小A的爸爸是非常关爱孩子的，也在想方设法帮助孩子，可惜他在表达时习惯用命令式语言、刺激性语言，没有沟通技巧，导致亲子矛盾不断升级。并且不了解抑郁症的心理知识，对心理专科医院存在刻板印象，担心西药的副作用对孩子的身体有影响，才不同意孩子吃药治疗。

我们表示理解家长的担心，不同意孩子吃药治疗不等于不爱孩子。肯定家长对孩子的付出和关爱，同时用提问技术引导家长辨认出他心中想让孩子更有力量，并积极赋能。告知小A渴望得到家庭的温暖和父亲的支持，因为父亲在他心中的位置无人可以代替。特别提醒小A爸爸父亲的言行对孩子的成长影响，让他意识到孩子目前产生的自杀意念除了是生病导致的，还和亲子关系有关。

沟通时要特别注意，我们的语气态度不能高高在上，对家长的行为不批判、不指责。通过共情赋能，成功与小A爸爸建立良好关系，得到他的认可。小A的爸爸已经意识到，自己的冲动语言刺激了孩子，让孩子误以为失去了重要的家庭支持，导致孩子心理问题加剧。

2. 澄清家校关系，利用家庭积极资源，增加信任

适当利用学校领导的权威，向家长传达学校对学生的重视态度，说明我们的目的是希望与家庭形成合力，帮助学生走出心理困境，为孩子营造良好的家庭氛围。强调我们学校的理念是每一个孩子都重要，学校不会因为孩子有心理疾病就对学生另眼相待，也不会要求其退学，并表示学校将会在保护小A隐私的前提下开展工作。班主任会积极关注小A，在日常学习和生活方面多陪伴支持他，与家长保持密切沟通；心理教师将会定期跟踪辅导小A，密切关注服药治疗期间小A在校的心理状态变化；我们将定期与班主任和家长沟通交流小A在校和在家的情况，打消家长的顾虑。

在这次沟通过程中，我们发现小A的妈妈是家庭中的可利用资源，是家校沟通中的关键中介。她一直都在努力维持家人之间的正向沟通，也积极配合学校的工作。会谈中我们再次运用赞美与肯定及时为妈妈赋能，询问妈妈是如何调整情绪、保持平和，做到在困境中努力坚持扮演好母亲和妻子的角色，不放弃调整父子关系的。最终一起成功说服小A爸爸，小A爸爸表示愿意听取学校建议。

3. 聚焦解决策略，提供多渠道资源，引导家校正向结盟

当家校建立了良好的信任关系，沟通才是有效的，家长才会采纳学校的建议。当然，因家长的文化背景不一致，提供的建议越具体和易于操作越好。

首先，希望家长正视疾病，遵从医嘱，按时复诊。把专业的心理专科医院推送给家长，提醒家长与医生的沟通技巧，及时向医生反馈服药后的反应和变化，以便医生了解小A的最新情况，合理调整药量。提醒服药初期可能反应较大，注意降低对孩子成绩的期望值，多些耐心。特别强调定期与学校沟通，保持与班主任和心理教师的交流反馈，根据学生不同阶段的情况，学校给予学业指导，帮助家长和学生树立解决问题的信心。

其次，向家长科普相关知识。如下载心理疾病、心理健康常识并打印发给家长。引导家长利用网络资源了解更多知识，如推荐家长观看相关纪录片如《我们如何对抗抑郁》等，以便家长能更好地理解支持孩子。根据实际情况分析青春前期孩子的心理特点，介绍亲子关系和谐沟通的具体技巧，分享各种易操作的家庭活动项目。引导家长接纳孩子现状，转变教育方式，让孩子感受到更多的爱，促进亲子关系和谐，调整家庭环境。

最后，与家长分享免费的专业心理援助资源，缓解家长因经济压力导致的顾虑。除了医生和学校心理教师外，还可以介绍相关的援助机构，帮助其解决家庭亲子矛盾，如省心理热线、市区心理援助热线，提供给家长多种行之有效的方案。

（二）干预效果

经过深入的家校沟通交流后，小A的父母开始积极地行动起来，转变与孩子沟通的态度和方法，按时安排小A到医院就医，并及时把复诊结果和在家情况反馈给学校；对孩子的成绩不再有不切实际的要求，接纳孩子的现状；愿意抽出时间来陪伴孩子，让孩子感受到家庭的温暖。通过线上线下的方式，家长和班主任、心理教师保持沟通，学校督促家长坚持陪伴治疗，防止学生的问题出现反复。

在小A服药上学期间，我根据计划开始了每周一次的心理辅导。跟踪观察学生医院治疗的情况，在陪伴支持小A的同时，帮助他自我觉察；给予他表达的空间，让他梳理情绪；帮助他发现自己家庭关系的变化。小A

反馈，在家的时候，爸爸会经常陪伴他下棋、运动，能平静地沟通，在家的时光让他感觉温暖安全。

通过药物治疗配合家校共同的支持，虽然小A的抑郁情绪有时有反复，但频率和强度有所下降，自杀意念减弱，最后完全消除，自伤的冲动出现频率也在减少。干预起效，家校联动将继续坚持。

【指点迷津：教育思考】

对心理危机学生的家校沟通，经常需要多次沟通才能产生效果。我们不断向家长反馈学生的在校情况，强调学生积极的变化，给予家长鼓励和支持，让家长看到希望，才能巩固家校沟通的成果。这也是家庭教育与心理健康教育工作中的重点和难点。

小A的案例提醒我们，面对需要转介的心理危机干预个案时，除了从学校安全角度考虑，也要站在学生的角度考虑，站在家长的角度考虑，才能有效预防危机事件的发生。应调整家校沟通策略，挖掘整合家庭的积极资源，形成家校正向结盟。

参考文献

[1] 彭慧玲.家校沟通帮助学生走出心理困境[J].中小学心理健康教育，2022（12）：46-48.

[2] 茹福霞，杨丽霞，傅树坚，等.中学生亲子依恋及其与非自杀性自伤行为的关系[J].中国学校卫生，2018，39（5）：681-684，687.

[3] 杨慧慧.系统式家庭治疗视角下心理危机学生家校沟通方式探讨[J].中小学心理健康教育，2023（3）：70-71，74.

家校沟通：真诚沟通，相互理解

深圳市福田区荔园小学（百花）　李亚奇

家校沟通可谓是教育环节中不可或缺的一环。它就像一座桥梁，连接着学校与家庭，让双方能够更好地理解、支持和配合对方。而在这个信息化、多元化的时代，家校沟通的方式和效果更是直接影响着教育的质量和效果。

小学家校沟通的重要性，可谓不言而喻。在孩子的成长过程中，家庭和学校是两大核心影响因素，它们共同塑造着孩子的性格、价值观和行为习惯。因此，加强小学家校之间的沟通与合作，对于孩子的全面发展和健康成长具有至关重要的作用。家校沟通有助于提升教育质量。家庭是孩子的第一个教育场所，而学校则是他们系统学习知识和技能的地方。通过有效的家校沟通，家长可以了解孩子在学校的学习情况、进步与困难，从而配合学校进行有针对性的辅导和支持。同时，学校也能从家长那里获取孩子在家中的学习态度和习惯等信息，以便更好地调整教学策略，提升教学效果。家校沟通有助于形成教育合力。家庭教育和学校教育在孩子的成长过程中各有侧重，但又相互补充。通过沟通，家长和教师可以共同商讨孩子的教育问题，制订出更符合孩子实际情况的教育计划。这种合力作用不仅能让孩子在学业上取得更好的成绩，还能使其在情感、品德等方面得到更全面的培养。

同时，家校沟通还有助于增进家长、孩子和教师之间的信任和理解。在沟通过程中，家长可以更加深入地了解教师的教育理念和工作方法，从而消除误解和偏见；教师也能更加了解孩子的家庭背景和成长环境，从而更加关爱和尊重每一个孩子；孩子则能在"家校共育，共伴花开"之中感受到更多的关爱和支持，增强自信心和归属感。

【情境再现：案例回放】

小A和小B是同班同学，两人平时关系还算不错，但偶尔也会因为一些小事闹些矛盾。一天中午放学排队时，小A和小B因为一件小事争执了起来，情绪逐渐激动，最后竟然发展成了肢体冲突。在混乱中，小A一不小心打到了小B的眼睛。小B疼得直捂眼睛，眼泪哗哗地往下流。周围的同学们见状，都吓得不敢出声，赶紧跑去告诉了班主任。班主任立刻上前查看小B的伤势，同时安抚他的情绪。然后立刻拨打了小B家长的电话。电话很快接通，但小B家长听到班主任的描述后，情绪非常激动。"我们家孩子在学校被打了，你们学校是怎么管的？怎么能往眼睛上打呢！一定要给个说法！"小B家长在电话里大声说道。

班主任耐心地解释事情的经过，并表示会妥善处理此事。但小B家长依然不依不饶，除了要求小A的家长赔偿医药费外，还要求学校出面处理此事，给小B一个公道。

班主任深知此事情需要冷静处理，一边安抚小B家长的情绪，一边承诺会尽快联系小A的家长，并协调双方进行沟通。班主任沟通后，小A的家长表现得非常配合和负责任。他们表示会立刻带小B去医院进行全面的检查，确保小B的眼睛没有受到任何伤害。同时，他们也向小B的家长承诺，会满足所有合理的赔偿和道歉要求，以表达他们的诚意和歉意。

小B的家长虽然一开始情绪很激动，但在小A家长的诚恳态度面前，也逐渐冷静了下来。到了医院，医生对小B的眼睛进行了仔细的检查。经过一系列的检查和测试，医生告诉小B的家长，小B的眼睛并没有出现任何异常，只是有些轻微的肿胀和瘀血，这是正常的外伤反应，很快就会消退。听到这个消息，小B的家长终于松了一口气。他们感谢医生的专业检查，也感谢小A家长的配合和负责。他们表示，虽然一开始很生气，但看到小A家长的态度和学校的处理方式，他们也逐渐了解了事情的经过，并愿意放下心中的芥蒂。此后，小B的家长不但没有再表示过对学校工作的不满，还成了班级内最配合工作的一批家长。他们积极参与学校的各项活动，支持班主任的工作，也经常和其他家长交流心得和经验，共同为孩子们的成长营造一个良好的环境。而小A和小B也在这次事件后认识到了自己的错误，他们互相道歉并握手言和。两人都表示会珍惜同学之间的友谊，不再因为小事而争执打闹。

【寻根溯源：案例分析】

　　家长往往爱子心切，听说孩子有事的情况下表现得情绪激动是常见的现象，这也是很多班主任经历过的事。而部分家长在情急之下可能会提出一些不合理的诉求，这种情况下过度保护的心态是原因之一，许多家长对孩子有着深厚的感情和期望，他们可能将孩子视为自己生活的重要组成部分，因此孩子的任何事情都可能触动家长的敏感神经。当孩子面临问题或挑战时，家长可能会因为担心孩子的安全而感到焦虑，从而表现出情绪激动。其次，家长自身的情绪管理能力也是一个关键因素。有些家长可能自身情绪管理能力较弱，遇到问题时容易感到焦虑、愤怒或无助，这些情绪可能会在孩子的事情上得到放大。在情绪激动时，家长也可能更容易被自己的情感所左右，而不是理性地思考问题。这样一来，沟通就容易出现障碍，因为情绪化的语言和行为往往会让对方感到困惑、不安，甚至产生反感。

然而不可否认的是，大部分家长在面对教师时，是积极配合、态度真诚的。这是因为家长们都深知教育的重要性，而教师则是孩子在成长过程中不可或缺的重要角色。家长们在面对教师时，通常会保持尊重和理解的态度。他们理解教师的工作压力和辛苦，会积极配合教师的工作，是愿意理解教师、理解学校的，并且会提供必要的支持和帮助。虽然在情绪激动时可能会出现沟通不顺畅甚至提出不合理诉求的情况，但总体来说，大部分家长都是愿意与教师保持真诚沟通的，他们希望能够与教师携手合作，共同为孩子的成长助力。

【出谋划策：解决方法】

面对情绪急躁的家长，首先要保持冷静和耐心，不被他们的情绪所带动。首先，要耐心倾听家长的诉求和担忧，尽量理解他们的立场和情绪。通过倾听，可以展现出你的尊重和关心，有助于缓解家长的急躁情绪。在倾听的基础上，与家长进行积极的沟通。在发生突发事件时用平和的语气解释真实情况，有必要时向家长解释学校的政策和措施，让他们了解你的工作和努力。同时，也要积极回应家长的关切，提出解决方案或建议。如果家长的情绪非常激动，甚至出现了不理智的言行，此时要尽量避免与他们发生正面冲突。可以适当地使用幽默或转移话题的方式，缓解紧张气氛。同时，也要保持自己的专业形象，不被情绪所左右。如果家长的情绪实在难以安抚，或者问题超出了你的处理范围，可以寻求学校管理层或其他专业人士的协助。他们可能有更多的经验和资源，能够更好地处理这类问题。在问题得到初步解决后，要进行后续的跟进工作。了解家长的情绪是否有所缓解，以及他们是否还有其他的疑虑或需求。

面对情绪激动、急躁的家长时，有一点是非常重要的，那就是保持冷静。如果家长的情绪急躁，而我们也被其带动，整个交流氛围就可能变得紧张、对立。相反，如果我们能够保持冷静，就能为交流创造一个相对平和的环境，使家长更容易冷静下来，理性地表达自己的想法和需求。其次，冷静的态度有助于我们更好地分析问题。在情绪急躁的状态下，人们往往难以理性地思考问题，容易做出冲动的决策或说出过激的言语。而如果我们保持冷静，就能更客观地分析问题，找出问题的根源，提出更有效的解决方案。此外，冷静也是专业素养的表现。作为教育工作者，我们的言行举止代表着学校的形象和教育水平。如果我们能够保持冷静，不仅能让家长感受到我们的专业素养，也能让他们更加信任和支持我们的工作。

总之，面对情绪急躁的家长，要保持冷静、耐心和尊重，通过积极的沟通和有效的措施来解决问题。这样不仅可以维护良好的家校关系，也有助于提升职业形象和家长满意度。

【指点迷津：教育思考】

家长与教师在教育上是合作者，都是为了将孩子教育好，彼此之间绝不是敌对的关心，虽然有时候可能会因为情绪激动等原因沟通不畅，但大部分情况下，家长都不是要故意为难学校与教师，在这种情况下往往需要双方的互相理解与体谅，而教师也要展示自己的专业素养，保持冷静、保持耐心、保持真诚，以解决问题、一切为了孩子的态度与家长进行真诚的沟通。这具有深远的意义，既可以帮助家长平复情绪，也有助于建立互信关系。当家长情绪激动时，如果教师能够以平和的心态应对，用耐心和真诚去理解和支持家长，那么家长往往会感受到教师的诚意和专业素养。这种互信关系的建立有助于双方在未来的教育过程中更加紧密地合作，共同为孩子的成长和发展努力。此外，耐心与真诚的沟通有助于为孩子树立榜样。孩子往往会观察并模仿家长和教师的行为。当家长情绪激动时，如果教师能够以耐心、真诚的态度与家长沟通，那么孩子也会学习到这种积极、理性的沟通方式。这对于培养孩子的社交能力、情绪管理能力以及解决问题的能力都具有积极的影响。

想说爱你不容易
——特殊儿童教育

爱是夜空中最亮的星

深圳市龙岗区布吉街道可园学校　龚欢

《说文解字》有言："化，教行也。"德育是班主任工作的重中之重，全面发展是我们对每位学生的殷切希望，我们的教育工作是面向全体学生的。但在义务教育阶段，很多学校里有一部分特殊的孩子，他们无法完全像正常的孩子一样完成学习任务，甚至与他们沟通交流都很困难。其中有的孩子的智商因天生或后天有所缺陷，也有的孩子是心理发展不健全。健康的孩子都一样，但不幸的孩子各有各的不幸。他们分布在不同的班级，经历着属于他们的校园生活。因为身心存在一定缺陷，所以这些孩子的家长对他们也是充满了担心，又不忍放弃。

如何给特殊儿童送去光亮，帮助他们实现快乐的校园生活？如何保障他们受教育的权益，帮助他们实现力所能及的成长？是我们教育工作者应该思考的问题。家长和教师考虑到孩子的身体和心理接受能力，不会强迫他们去完成和正常孩子一样的学习任务。但他们毕竟生活在群体里，如果被关注不够，也许会引发一些因交际而出现的问题，例如被欺凌和嘲笑等。处理不当，也许会引发其他心理问题。相反，如果被关注得当，教师引导和组织到位，集体的爱将成为帮助他们成长的力量的源泉。这部分孩子，是班级生活前进过程中的困难，也是帮助其他孩子获得道德认知、培养道德情感和实践道德行为的资源。

【情境再现：案例回放】

开学第一天，出于职业习惯，我开始观察班里的孩子。有一位叫心心的女孩子，面容姣好，面带微笑，乍一看去没有什么异常。但是对我发出的指令总是迟迟没有反应，而是一直看着我，好像她什么都能听懂，又好像什么都听不懂。我轻轻地走到心心面前，和她交流，她还是不说话，仍然眼神温柔且直直地望着我，我多少感觉到有点不妙，便联系了她的家长。心心爸爸很遗憾地对我说，心心婴儿时期很可爱，但是在3岁的时候有次发烧，家长大意了，没有及时带她去医院，出现了惊厥抽搐的肌体反应，从那以后，就需要吃药治疗，药物含有副作用，会阻碍孩子的大脑发育。所以心心现在的智商、语言能力等多方面和同龄孩子相比，都是发育迟缓的。那一刻，我沉默了，我在电话里听出了一位爸爸的愧疚、伤心和无奈。

可想而知，心心的家长是经历了长期的思想折磨的，他们对心心充满了担心。她的爸爸主动承担了班级里的家委会会长一职，也许是由于自己的孩子特殊，想多和学校沟通，抑或是不放心心心在学校的状态，所以在家校合作中可以有机会多来学校看看。所以，在很多学校活动现场，都能看到心心爸爸的忙碌身影。尤其是学生参与社会实践活动的时候，心心爸爸更是申请陪同班级学生活动，一来能够帮助教师带领孩子们正常开展活动，二来他担心心心会在校外走失。有时候上午下课，心心爸爸会给她送来中药，一口口喂到她嘴中，有时候我会看到他一个人在教室后门观察心心的上课状态，当他看到孩子们纷纷举手回答问题，或者认真听讲的时候，自己的心心却时不时瘫坐在地上玩弄东西，听不进教师的提醒时，他会低下头唉声叹气。我看出了一位父亲的不易。听说他为了能够陪伴心心好好适应小学，辞掉了工作……也许他是在为自己当初没有及时带女儿看病而感到内疚，不知道他为此在多少个无人知道的夜晚痛苦过，也许他在为女儿的未来而感到担忧，也许他不知道该再付出怎样的努力才能让自己的女儿进步更加快一点……

　　让我们感到更担忧的是，心心不愿意和同学交流，在班级不说话，只是自己玩弄自己的文具。作为一位母亲，我理解她家庭的所有不易，看到这样漂亮的一个孩子发育迟缓，我心如刀割，所以决定尽己所能，为她做些什么。

　　经过百般思量，以及和心心爸爸的沟通协商，我在班里成立了一支爱心小组，专门负责和心心聊天。爱心小组的成员都是引导心心自己指出的、她愿意交往的同学，这些孩子都是她喜欢的，能够让她感受到善意和安全感的同学。也许只有这样，她才更会愿意去聊天吧！爱心小组成立后，我给孩子们说明了成立缘由，我希望我们能够用爱心温暖心心，用充满关爱的语言去问候她，陪她聊天，用耐心去带她一起玩。我从爱心小队孩子们清澈的眼睛中看到了纯真和善意，他们同情心心的不幸，更愿意帮助她！所以，每次课间我都能看到去心心座位上聊天的身影。当我看到孩子们牵着心心的小手，一起出去玩耍时，我的内心充满了感动。多么珍贵的纯真和善良啊！希望心心能够感受到我们这份来自集体的爱！

　　我可爱的孩子们果然没有让我失望！经过了一个学期的交流和陪伴，心心愿意说话了！有一天，爱心小组的一位小成员激动地找到我说："龚老师，心心和我们说话了！"我们终于用爱解除了心心内心的防备，用同龄人之间的童趣敲开了她语言表达的大门，心心愿意开口表达了！心心的父母也发现了这一现象，激动地向我表达发自肺腑的开心和感谢！作为班主任，我看到一朵花在自己的呵护下开放，内心充满了欣慰，为心心，也为爱心小队的孩子们……

【寻根溯源：案例分析】

　　行为动机的心理研究指出，内因是外因起作用的基础，外因是内在动力的诱因，可以促使行为动机的产生。案例中，对应内外因理论，心心的主动表达意愿是内因，而爱心小组学生们的关爱陪同聊天，主动引入主题让心心参与讲话，是心心表达欲望发展的外因。爱心小组的外因行为诱发了心心的表达动机。

从教师的立场而言，我们必须接受心心这类特殊孩子的身体状况现实，同情特殊学生家长的困难。作为义务教育阶段的孩子，她来到学校，进入班级，我们就要保障她获得正常校园生活的权力，尽已所能，帮助她获得应有的成长。从内因而言，我们不是医生，心心的身体发育客观情况我们无法干预。但是心心在我们的群体里生活，我们能做的是通过外因去诱发心心内因的成长。我们通过集体的关爱去温暖她，让她参与话题，引导她说话，慢慢地变成她主动和他人沟通。利用集体资源，帮她实现力所能及的发展。

【出谋划策：解决方法】

（一）利用班会课，营造班级爱心氛围

在现实中，当同龄孩子发现特殊儿童的异常表现时，会有个别孩子去故意挑衅或者是试探性嘲笑。这个时候，班主任要把这种不良现象扼杀在萌芽。班会课是一个教育孩子的平台，教师要通过师生交谈、学生讨论、案例引导等各种教育方法，引导孩子善待同学，理解特殊同学的不幸和他家庭的不易。缘分使大家成为一个集体，我们要团结友爱，用集体的力量去帮助特殊同学，而非嘲笑。在班集体刚刚建立的时候，我对孩子们利用开微班会课的形式进行"爱"的引导，孩子的心中已经悄悄地埋下了善意的根。令我欣慰的是，在整个小学阶段，心心在班里没有经历过嘲笑，并得到了来自同学们不同方面的爱和包容。

（二）妙用品德心理结构观，化困难为资源

根据西方心理学家力倡的道德发展路径——认知、情感、行动三个阶段，班主任力求把特殊学生带来的困难，变为班级学生道德发展的资源；把集体为个人提供的资源和帮助，变为其他学生道德实践和形成的契机。

班主任在班里成立爱心小组，从一开始的建立，到学生自愿加入，能够共情作为同龄人的特殊儿童那份孤独，用发自内心的善意帮助特殊儿童，在这个过程中，爱的种子和信念更深地种植在孩子的心里。孩子们参与此类活动，不仅形成了善良的道德认识，还训练了善良的道德行为。品德心理结构观见下表。

德育理论	第一阶段	第二阶段	第三阶段	第四阶段
二要素论	道德认识	道德行为倾向		
三要素论	道德认识	道德情感	道德行为方式	
四要素论	道德动机斗争	做出道德判断和选择	按照道德选择去行动	道德行为

【指点迷津：教育思考】

爱是夜空中最亮的星。班主任作为班风的掌舵人，需要把握好班级班风行驶的方向。建设良好的、充满爱的班风至关重要。班级是一条潺潺的小溪，每位同学都是里面的一朵水花，若小溪清澈，则每位同学都纯真无瑕；若小溪浑浊，每一朵浪花都不会在阳光下晶莹。无论是学校还是家庭，特殊儿童是大家都不愿意看到的，他们在本该健康快乐、无忧无虑的年龄拥有很多别人没有的困境。作为教师，我们要理解特殊孩子所在家庭的难处，要用爱心去接纳他们。在爱和善意中成长的孩子，懂得怎样呵护他人。我还曾遇到过戴着助听器上学的孩子，当班级有大的音响噪声出现的时候，她会突然因此而大哭，同学们没有嘲笑，而是抱住她、安慰她。特殊孩子给班级的工作造成一定的困难，如何建设一个富有爱的集体，用爱和陪伴帮助特殊儿童在艰难的时光里看到成长的希望，同时也成为教育其他孩子的资源，让学生体会到一份善良、肩负起一份责任，体会到人与人之间的温暖，是我们要一直思考的问题。

"小聪明"变身"大智慧"

深圳市福田区荔园小学（八卦岭）　卢冬玥

【情境再现：案例回放】

"课代表看小纸条了！"一声尖叫打破了教室里的沉寂，正埋头练习的同学们纷纷看向了语文课代表小航，只见他试卷下果然露出了一张白色纸条，此时的小航眼神里充满了恐惧。

"离考试结束还有40分钟，请继续答题。"避开了众人的视线，我小心翼翼地走到小航面前拿走了纸条，摸摸他的头轻轻叮嘱，"继续写吧。"

回到办公室，我把纸条打开一看——呵！密密麻麻的文字，果然是今天默写的内容。平日里上课常常发言一鸣惊人，管理班级早读妥妥当当，往讲台上一站，俨然一个气势十足的小老师——我聪明的课代表，学语文的表率小航，终于被我找到机会去"点化"。

其实我对小航的表现一点也不意外。

我从未见过如此有班干天赋的孩子。平时他上课听讲认真，养成了作业在校期间全部完成的习惯，因而学习优异；他更是一个孩子王，下课和同学们打成一片，玩象棋、猜快拳、赛跑，都不在话下；在教师开会的早读间隙，他一人拿起教鞭，打开"班级小管家"积分软件，褒一组，贬一组，规则讲得头头是道。这么完美的学生，怎么会是"问题学生"呢？

直到有一次，我用余光瞟到他将我发给学生的奖品，偷偷改成了自己的名字；同组组员私下告诉我小航给自己的小组多加了2分；趁着教师不在，到办公室翻看其他同学的作业；其他班干做的好人好事被小航瞒报，敢怒不敢言。我了解小航，没有直接证据，聪明的他是不会承认的。而大多数同学不了解情况，他便一直是手眼通天的"好班干"。可我的心却一直悬着，学优品忧的问题，可以说是我们教育过程中最棘手的问题之一了——天之骄子般的学生，优秀得越显眼，价值观偏斜得越厉害，处理不好，便可能成为师生间的毕生之憾。

于是放学后，我请小航来了一趟办公室。

小航一进办公室，眼神黯淡了许多，一眼都不敢看我，完全没有了领导全班的神气。我知道他现在难堪得很，不知道如何面对我。我便和平时聊天一样，先打开了话匣子："其实上面的答案你都会，对不对？"小航轻轻点了点头，头埋得更低了。

"把这个拿回去，今晚背下来。明天同一时间，我还会在这里问你。"他不是不懂道理的孩子，只讲道理只会白白浪费给他留下深刻印象的大好机会。

于是我一反常态，没有像批评其他同学一般重复讲道理，小航似乎松了口气，把小抄带走了。

第二天，我从小抄上随意选了几个问题问他，如果他不会，我便打算给他重新讲解加深印象，直到他能当场背出来。但他都答出来了。

我便说："其实你不用做小抄的。"小航点了点头，眼泪在眼睛里打转。"这些知识，多用一天，你就背得滚瓜烂熟。你本来就足够优秀，不需要用小抄，甚至不需要用分数、奖品、奖状来证明。"我闭口不提他之前偷偷加分等事，但谈到"分数""奖品"和"奖状"时提高了音量，继续缓缓说道："只需要诚实地面对优秀的自己。"这才是我的目的。经此一事，他脑海里深深记住了"真的优秀"而不再是"优秀"，更通过这件事相信自己可以做得"优秀",而不再追求假的、为了优秀而得到的"优秀"。

这个"真的优秀",其实包含了我对他更多的期许,之后,我便变着花样地让他去帮助同学,让他捡到我故意丢在地上的钱交给纪律委员,夸他"勤劳""认真""善良""热情""大方""诚实""乐于助人"……

我想,这颗"真的优秀"的种子,只要埋得够深,不时浇点水,即使今后我不在场的时候,它也能在关键时刻跳出来,在小航的脑海里重复"你是优秀的,所以你要真实地优秀着"。后来的一次班会课上,小航勇敢地用自己的事例分享了自己知错就改的感悟,我知道这一刻终于如约而至,"小聪明"变身为"大智慧"了。

【寻根溯源:案例分析】

皮格马利翁效应,又称罗森塔尔效应,通常是指一个人对另一个人行为的期望成为自我实现的预言的现象。美国心理学家罗伯特·罗森塔尔曾经选择生理条件近似的小白鼠均分为两组进行试验,告诉A组实验员:"这批小白鼠是我精挑细选出来的优秀实验对象。"而告诉B组实验员他们观察的是一组智商不太高的小老鼠。经过训练后,两组小白鼠经过迷宫测试,果然A组小白鼠成绩更优异,原来是因为A组实验者对小白鼠有较高期望,促使训练发挥了神奇作用。

在本案例中,小航作为班干,滥用职权等情况屡有发生,本质上是由于他对身外之物的错误认识。他误认为在有能力的情况下,行为的正确性和价值观并不重要,加上平时投机取巧的"小聪明"不外显强化了这一行为和背后的观念,才使他的心中埋下了一颗认为"只要想要和需要就能胡作非为"的地雷。

而皮格马利翁效应既能对小航进行"负强化",又能对小航进行"正强化"。在本案中,问题解决的核心是如何让小航接受并认同"正强化"

的观念，在小航不反感教师的教育的前提下，巧妙地将他的错误认识进行纠偏，使其在之后的日常学习生活中逐渐强化他的良好行为习惯。因此，在制定教育策略和相应执行时，可以尝试在班级生活中的碎片化时间里穿插对小航等同学的教育，一句鼓励、一句问候，日积月累，带动其他的同学养成"每日一夸"的习惯，让正强化的环境对全体学生进行浸润教育。在教育这样的学生时，教师的心态更应该放平和，认识到强化过程非一日之功，不是立竿见影的，因此对学生的成长预期应给足时间，逐渐见证学生的心态变化。在家校联系方面，也可以和家长针对类似问题多进行沟通，使家长了解学生的心理情况，在学校外的时间中也给予正确的引导，从多方面、多角度，打开学生内心世界的大门。

【出谋划策：解决方法】

（一）立足皮格马利翁效应，点亮心中火种

当发现小航内心没有正确看待荣誉与奖励和努力的关系的意识时，我有意识地寻找能在意识上给小航纠偏的教育契机。由于小航心中已经成立了一套自己的价值观念，如果简单批评或强制灌输一些道理，不仅不能让小航理解信服，还会造成小航对教师说教的反感。于是，随时等候的教育契机出现时，利用小航犯错被现场抓到的震慑效应，使他受到强烈的心理刺激，当这种震慑作用迫使他开始理智反思问题后，再进行劝说并重新采纳正确的观念认识，就产生了让小航改正顽固错误意识的希望。

（二）进门槛效应，每天改变一小点

1975年，心理学家查尔迪做了一个实验，他在慈善机构发起募捐后，对其中一些人表示："哪怕捐一分钱也是可以的。"而对另外一些捐助者没有说这句话，结果，听到前一句话的人募捐的数额比没听到的多出两倍。大量事实表明，向别人提出可以轻松完成的要求后再提出一个更高的要求则更容易实现。小航本就是学习能力较强的孩子，要让他在此次失误

中克服不会答题的困难自然不在话下,当他完成这一简单任务后,便恢复了对自己的学习能力的信心,同时更开始相信自己不需要通过不正当的方式来获得荣誉,长期如此,他便一步步受到教师引领,在不知不觉中持续进步。之后的正强化更是让他看到自己的点滴进步,让他不断期待着自己的正面形象,保持惯性一致。

【指点迷津:教育思考】

像小航一般成绩优秀、习惯良好的学生,教师如果对其了解不深,就容易先入为主,认为他不会犯错,或即使犯错了也无伤大雅。但其实,这类孩子如果心中不良价值观念埋藏较深,平时教师不注意观察,等问题暴露时往往就较为严重。学习优秀的孩子,常常是班级的榜样,如果出现问题,则会在班级中产生较大的影响,因此教师绝不能袖手旁观;而这类孩子本身见多识广,一般的教育方式往往无法起作用,只能另用巧计,产生出其不意的效果。

对待小航这样极个别的学生的教育方式要做到灵活,但归根结底,育人的方式万变不离其宗,那就是遵循科学的心理学效应指导。"优秀"的含义,在小航心理被窄化为"高分""奖品"和"奖状",与当下过分紧张的学习压力和功利化的社会价值观影响息息相关,作为教育工作者,我们要坚定朴素而正确的人生价值观,并坚定不移地向学生传导。

落实全面育人、五育并举的方针,要多关注成绩优异学生的心理,更要让更多的学生变得"优秀",成为最好的自己。

从"万人嫌"到"万人迷"的蜕变

深圳中学龙华学校　陈悦

【情境再现：案例回放】

开学第一天，所有孩子都乖乖听教师的指挥排队，只有小卓在校园里上蹿下跳，随地小便，可谓"软硬不吃，油盐不进"；开学第一课，小卓一会儿躺在地上大吼大叫，一会儿起身攻击同学，躲在门后玩捉迷藏，正常上课也会被这"小泼猴"搅局。他的各种逾矩行为引来了本班和隔壁班家长们的集体投诉……

到了第二周，有一天在其他班上社团课时，我突然收到科任教师的电话，说小卓从后门跑出去，冲进隔壁班教室，逮到同学就咬胳膊，保安和教师抱着他，才把他制住。当我赶到安全办时，他红着眼，攥紧拳头，嘴里念念有词："你们以为我愿意来学校吗？在这里待得好难受！"那一刻，我收回批评，拉起他的小手，带他去卫生间洗把脸，平复一下情绪。这是我第一次见识到什么是注意力多动障碍者（ADHD）。通过查阅文献资料和请教前辈，我发现注意力多动障碍者（ADHD）的典型特征在小卓身上都有具体表现，比如注意力集中明显困难，课堂上坐立不安，好动；行为冲动，做事不顾后果；精细动作差；在别人讲话时插嘴，不能耐心等待；等等。当然，作为教育者，我们不能仅凭经验就给孩子武断下结论，秉持尊重孩子和尊重科学的态度，一定要听取儿童医生的专业诊断。

  对于一线班主任来说，如何让家长正视孩子的问题，并接受教师的建议，前往儿童医院诊治，是一个非常棘手的难题，非常考验教师的教育智慧。凡事都有因果，办法总比困难多。通过多方了解，我得知，小卓的家庭环境相对复杂。他的父亲是湖南人，是家里的经济支柱，早出晚归，和家人相处时间很少，对孩子比较纵容，有求必应。他的母亲是全职妈妈，喜欢打麻将，对孩子经常打骂，孩子一日三餐都是靠外卖解决。小卓还有一个大三岁的哥哥，寄养在惠州爷爷家。因此，小卓早年的家暴经历让他学会了一种应激反应，别人接触到他，他就会反应特别激烈或主动防御。他说的最多的话就是："来啊！打我试试看！"这时，如果教师拍照，他就会情绪激动，以破坏课堂来报复教师。他的行为几乎每天都能招来大小投诉，他爱玩水，就朝走廊上来来往往的同学泼水，隔壁班主任找我诉苦；他追求刺激，踩爆午餐午休的牛奶，使得全班同学没有牛奶喝；他不喜欢待在教室，就满校园疯跑，甚至跑到地下车库躲猫猫，让保安队长追得气喘吁吁；他喜欢玩笔，就把笔尖对准路过的同学……问他危不危险时，他的回答是喜欢、刺激，让人诧异。

  在相处的这段时间里，我发现他也很苦恼，因为别人不理解他。他爱交朋友，但因为注意力缺陷障碍的习惯是先肢体后语言，动作幅度较大，会造成同伴关系紧张；爱拿别人东西，是由于家庭教养方式不当，缺乏物品归属认知的正确引导。起初，我先和他妈妈沟通孩子在校情况，很快发现这是一位非常护短的宝妈，耗时耗力，沟通效果不尽如人意。对于这样的孩子，为了保护他，也为了不伤害到其他学生，我联合特教老师、安全办和德育处负责人，请他爸爸来学校面谈。当他爸爸疑惑地问孩子出现这些行为的原因时，我们几个教师都不约而同地建议先去儿童医院做专业检查，如果能排除大脑器质性病变的生理因素，那就是单纯的家庭教养方式问题。三个月后，家长还是不愿意带孩子去诊治，孩子情况愈加严重，严重影响班级正常课堂秩序，直至全班家长要联名投诉到教育局，家长才主动拿出诊断书，结果也证实了我们的猜想，经市儿童医院的医生诊断，他被确诊为注意力缺陷多动障碍和社交障碍。为此，我遵循儿童医院对教师的教育指导，把小卓安排在教室第一排，以便能够随时得到教师的监督和指导。还安排了一些班务让他负责，以此来消耗他过剩的精力。我自学《注意力训练》系统，对小卓制订了长期的训练计划，主要包括听觉注意力训练和视觉注意力训练两种，改变了之前妈妈和他制定的只看成绩奖励金钱的模式，采用行为训练里的代币法，聚焦行为，比如没有严重扰乱课堂，可以获得一颗星，集齐3颗，可以兑换周末去游乐场玩。

通过一学期的努力，实施代币制和陪读之后，小卓在课堂上的干扰行为少了，偶尔还是耍性子，但是也能看到他在学着控制自己的情绪，与同学相处融洽，和家长的关系也改善了许多。

【寻根溯源：案例分析】

斯金纳认为塑造行为就是一个学习的过程，我把这里的"学习"理解为一种行为模式的稳固。我们可以通过强化作用的影响去改变别人的反应。所以在教小孩子的时候，我们要充当他们行为的"设计师"和"建筑师"，把学习目标分解成很多小任务并且一个一个地予以强化，让他们通过操作性条件反射逐步完成学习任务。很多游戏的设计就利用了操作性条件反射原理，游戏过程中会出现很多任务，每当玩家达成了一个小任务，就可以获得金币或者是装备的奖励。学习中（即行为的稳固）的四种强化方式见下表。

干预手段		操作条件	刺激条件	行为发生频率	例子
强化	积极强化（正强化）	给予	愉悦的刺激	增加行为发生的频率	遵守纪律，给予奖励
	消极强化（负强化）	撤销	厌恶的刺激	增加行为发生的频率	完成任务，不用打扫卫生
惩罚	正惩罚	给予	厌恶的刺激	减少行为发生的频率	体罚，谴责
	负惩罚	撤销	愉悦的刺激	减少行为发生的频率	取消奖励
消退			无强化物	减少行为发生的频率	不予理睬

（1）多动症会引起情绪激动，注意力不集中。案例中，教师们怀疑小卓有多动症。于是也建议家长带他去医院鉴定，结果也证实了我们的猜想，经市儿童医院的医生诊断，他被确诊为注意力缺陷多动障碍和社交障碍。对于患有多动症的孩子来说，一直坐在教室里有点"煎熬"，所以才会出现这样那样的行为。

（2）家长的宠溺造成小卓以自我为中心的性格，没有确立正确的规则意识。在家里，爸爸由于工作繁忙，无暇顾及孩子，出于补偿心理，对孩子有求必应，全职妈妈也围着孩子转，使其逐渐形成了以自我为中心的性格，而且没有掌握合理宣泄情绪的方法。在学校，经常用一些古怪的举动吸引同学教师的注意，比如随地小便、上课时间在校园里狂奔等，当他觉得自己不受重视，就发脾气，怒砸桌子，以此来吸引别人的注意。

（3）家庭教育方式不统一，家长的错误归因。每次小卓出现问题，家长不是从孩子自身、家长自身的角度找原因，而是一味地强调是别人先惹他、教师不公平等才引起小卓失控行为。尤其他妈妈总是希望找到小卓爆发的点，让教师、同学不要去惹他，而不是聚焦在如何帮助孩子合理控制自己的情绪上。这是一种典型的外归因，长此以往会造成孩子撒谎找借口，试图合理化自己的过分行为的复杂局面。

【出谋划策：解决方法】

第一，站在家长的角度为孩子考虑，避免让家长认为是学校故意推脱，让家长接收到我们对学生关心关爱的想法和做法，多列举班主任、学科教师、心理教师乃至学校领导对该学生的关怀，打消家长的疑虑，表明学校与家长站在同一战线，所做的决定和建议都是为了孩子好。要用科学数据劝服家长，达成共识，即孩子的"非正常行为"不会随着年龄增长而消退，只有通过特定训练纠正才会改善。如果确诊注意力障碍（ADHD），由家长向学校申请，可否偶尔定期让孩子上特教班的课。

第二，无论家长出于何种原因不愿就医，请尽快上报学校领导，告知学生情况，按照学校的流程，比如填写高危学生登记表、家长知情同意书等，请领导出面约谈家长，告知利弊。和家长沟通，家里老人或者家里是否可以请护工来陪读，这样避免教师太忙，无法时刻看管，保证他和其他孩子的安全；整个过程务必做好记录，包括和校内外人员沟通的聊天记录、通话等，都尽量留痕。

第三，联手科任教师们，向他们说明这孩子的情况并寻求他们的理解和日常配合，用正向激励法，做得好教师会表扬贴花，家长给孩子定期奖励。

第四，和家长沟通，且和特教班教师沟通，定时为家长做专业培训，认识到家暴的恶劣影响，改变其不当的教养方式。

除此之外，我们也做不了太多。如果最终家长不愿带孩子就医，这样的结果引发了你不好的感受，如愤怒、无力、难过等，请做好自我照顾和自我觉察，向同事倾诉，尤其是心理教师，或经手此事的班主任、学科教师，更需要宣泄情绪，接纳工作中总有做不到的部分。

【指点迷津：教育思考】

每个孩子生下来都是一张白纸，不同的环境造就了不同的他们。小卓本质善良，但由于生理上的因素和对家庭暴力的恐惧，使他有时无法控制自己的言行，有时又不得不做一些事情寻求关注或是保护自己，因此可恶又可怜。作为一名班主任，遇见这样的孩子，要放宽心态，多点沟通，多点知识，多点办法，多点宽容。我们都该多学习专业心理知识，学习如何去爱这种特殊的孩子，如何走进他们的心里，如何正向引导他们的父母，为他们寻求课堂和家庭中的安全环境而努力。让身边的人多多理解他、宽容他，给特殊的儿童一种安全感，让他们的心理健康情况得到改善。真心希望他的身心可以慢慢地越来越健康，可以得到父母丰盈的爱，可以被每一个人温柔以待。

轻拂尘埃，焕发光彩

深圳市福田区荔园小学（百花）　陈翠

特殊学生，是指那些与同年龄段学生相比，由于受到家庭、社会、学校等方面的不良因素的影响及自身存在的有待改进的因素，从而导致在思想、认识、心理、行为、学习等方面偏离常态，需要在他人帮助下才能解决问题的学生。特殊学生有很多种类型，包括厌学型、纪律型、品德型、心理障碍型等。每个班级最常见的，也许是这样的混合型：学习态度不端、学习习惯差，跟同学吵架拌嘴甚至打架，上课不听，骚扰同学，油盐不进，难改坏毛病。这样的学生往往让班主任头疼，让科任教师无可奈何，让家长无计可施。他们不仅影响自己的学习，还可能对整个班级的班风造成不良影响，因此，对这类特殊学生的教育和引导至关重要。

【情境再现：案例回放】

一天中午，我在班级看午休，突然看到小华将几根长长的针插入自己午睡的枕头边。我吓了一大跳，想要提醒小华，又怕贸然出声惊扰到她，反而让她弄伤自己。在确定小华将针拔出且没有再次重复这一危险举动之后，我若无其事地提醒小华好好午睡。提心吊胆等到午托结束，我马上邀请小华父母到校面谈，和小华父母好好谈谈，详细了解她的家庭情况和成长背景。

  小华是我新接班级的学生，根据前任班主任的反馈，在平时的学习中，小华基本不交作业，上课经常开小差或看课外书，教师点名时往往答非所问。小华还习惯用谎言来掩饰真正的想法，而有的时候，小华喜欢表现自己，人前会呈现友善有礼、乐于助人的一面，但人后却大相径庭，故意损毁公共物品、偷拿同学东西，在教师多次谈话后还是没有端正态度，三天打鱼，两天晒网，在教师、同学间的信誉频亮红灯。这和我接触的小华似乎有点不太一样，抛开学习不谈，她热情开朗，回答问题自信响亮，对课外活动似乎有用不完的精力。我想，也许小华本来是块美玉，只是让坏习惯染上了"尘埃"，失去了她独特的光彩。我们要做的，就是帮助她轻拂尘埃，焕发光彩。

  小华的父母很快到了学校。沟通过程中我发现，小华的父亲要强且严厉，常对孩子提出能力之外的要求，如早上五点半起床晨跑，让孩子自行解决自己的早餐，在小华三岁时就允许她玩家里的菜刀，因为"大人看着不会出事"，等等。不仅如此，小华的父亲对小华道德要求高，不允许其有无礼、撒谎、偷窃的行为，一旦违反，不问缘由，一律采用暴力手段使孩子屈服；小华的父亲对自己的教育充满自信，认为小华正按照他要求的轨迹良好成长。小华的母亲工作忙碌，愿意倾听孩子真实想法，但对孩子要求较低，原则性不强，对孩子的学习管得少。

  在充分倾听了小华父母的想法后，我对小华父母的教育用心程度表示肯定，但也真诚地指出家长教育观念上的分歧，同时反馈孩子在校的真实表现，让家长正视孩子存在的问题。正是父母教育理念、行事风格的分歧，常常使得小华无所适从，甚至无师自通学会讨好父母，一旦离开父母的视线，就在自我约束与放任不羁间游移不定。当天中午小华给自己枕头插针的行为就是信号，这不仅是孩子缺乏安全意识的表现，还有可能是孩子寻求释放压力的渠道，应当给我们敲响警钟。接下来，我与家长一同寻找教育的问题所在,建议家长适当减少给孩子的压力,多与孩子谈心,打开她心里的结。

获得小华父母的支持后,我制订计划,步步为营,先是亲近小华,逐步赢得她的信任;接着对她进行适当的批评,让她正视自己的不足并尽力改正;而后对她寄予肯定和希望,帮助她树立信心;最后让她充分展示才能,逐渐融入集体。经过步步"谋划",小华得到了彻底的改变,赢得了同学们的信任,获得了"校园之星",还在红领巾广播中担任了播音员的职务。

【寻根溯源:案例分析】

案例中的小华是一个特殊学生,有着典型的问题表现。苏霍姆林斯基说过:"每一个决心献身教育的人,应当容忍儿童的弱点。"我们作为教师,应当充分了解学生情况,不能急于给学生"贴标签"。因此,当学生行为出现问题后,教师应当第一时间了解学生情况,根据情况对症下药。

案例中,小华发生用针插枕头这一危险行为,我没有简单认为是学生缺乏安全意识的表现进而粗暴地制止学生,而是在保证学生安全的前提下联系学生家长,并与学生家长进行充分沟通之后再做出相应判断,是尊重学生的表现。此外,"父母是学生的第一任老师",学生行为能否得到父母的理解和支持非常重要。因此,我在了解学生情况后与积极与学生家长沟通,达成一致意见后再实行教育小华的计划,使得家校教育达成一致,充分利用家校沟通的合力,在教育小华的过程取得了最大化的效果。

案例中,在进行个性化教育之前,我深入了解了小华的个性化需求。每个学生都是独一无二的个体,他们的成长环境、性格特点、家庭背景等因素都会对他们的学习行为和问题行为产生深远影响。因此,我通过观察、交流和调查等方式,全面了解小华的个性化需求,有针对性地制订个性化教育计划。我先是关心小华,走进她的内心,让她感觉到被关注、被关心的温暖，建立对我的信任；接着帮她树立正确的价值观，不因为亲近她而无限包容她的错误，让她能有勇气正视自己的问题，下定改变的决心；而后寄予希望，为她创造展示才能的机会，让她感受到被相信、被期待，从而激发她内在的学习动力，彻底与过去的不良习惯告别，自发地向好的方向转变，从而真正地被集体接纳、被同伴喜爱；这些良好的反馈又进一步促进小华的自我改变和完善，形成了良性循环，促使她沿着正常的轨迹一路成长，越来越好。

【出谋划策：解决方法】

在构建家校教育同盟后，我步步为营，达成了理想的教育效果。

第一步，建立学生对教师的充分信任。"冰冻三尺非一日之寒"，小华的问题由来已久，绝不会是轻飘飘几句鼓励就可以解决的。怎么办呢？俗话说，"亲其师，信其道"。我从关心小华的生活开始，把与她闲聊作为突破口，常在课余时间和她聊聊家常，问问她的生活情况、兴趣所在，有时还会送她一些小礼物。在逐渐与小华熟悉起来后，我的引导开始进入正轨，经常与小华谈谈她的学习情况，作业中的疑难地方，利用课余时间给她辅导，帮助她扫清学习的障碍。在同学投诉小华的问题时，我会耐心倾听她的解释，并与她一起分析同学投诉的原因。渐渐地，小华越来越喜欢找我聊天，课间总能听见她进办公室前响亮的"报告"声。班里的科任教师也对小华逐渐有了更深的了解。

第二步，进行适当的批评。学生的信任是顺利进行批评教育的前提。当我发现小华充分信任我时，我选择在人少时私下向她提出她作业马虎的问题，先是表扬她近阶段的进步表现，了解她整体的学习情况，在气氛比较好时，再拿出她的作业本，然后把一本书写工整清晰的作业本翻开，让她自己去对比。小华很快就意识到了自己书写的问题，在这方面付出了很多努力。我也常常私下给她"开小灶"，和她一起探讨别人完成得好的地方,指导她怎样做得更好。在小华忍不住偷拿别人东西时,我不回避问题,而是直击问题核心,指出这是道德品质方面的原则问题,应当勇敢承认并及时改正,不能想着以借口甚至谎言来遮掩。在宽严相济的教育下,小华撒谎、小偷小摸的行为越来越少,也很少再与同学发生冲突,课间还经常能听到小华与同学谈笑的声音从教室传出。

第三步,寄予正向的期望。小华的情况在逐渐好转,但这还远远不够。要知道,人的潜能是无限的,根据皮格马利翁的"罗森塔尔效应",教师对学生的期望会使得学生的学习成绩和行为表现向符合该期望的方向发展。苏霍姆林斯基也曾说:"善于鼓舞学生,是教育中最宝贵的经验。"基于这些理论指引,我在上课的时候,常常鼓励小华自己站起来,大胆地说,"因为你是一个有独特想法的人"。小华开始不太敢举手,我就先点名让她回答一些简单的问题,慢慢帮她树立自信,调动她的学习积极性,让她获得学习的成就感。渐渐地,小华越来越有信心在语文课堂上举手回答问题了,她标准流利的普通话、充满感情的朗读甚至为她赢得了几个小"粉丝"。在其他科任教师的配合下,我们一起更多地正面评价小华,她也正如我们期望的,逐渐端正了学习态度,养成了合格的学习习惯。

第四步,让学生展示才能,融入集体。长时间的沟通过程中,我了解到小华在体育方面的特长,于是我鼓励小华参加校运动会,充分练习、做好准备。正式比赛时,小华在田径场上奋力拼搏,班级学生的加油喝彩声不绝于耳、振奋人心。在同学们的鼓励下,小华为班级赢回一枚可贵的银牌。这一次比赛帮助小华赢得了成功的喜悦和自信,也让班级学生对小华刮目相看。小华很遗憾没有为班级拿到金牌,立志要在下一次的运动会上夺下第一。后来的小华,上课发言积极,思维比较集中,有时还拿出课外书籍上的习题向教师们求教。她逐渐融入集体,赢得了同学们的信任,获得了"校园之星",还在红领巾广播中担任了播音员的职务。

【指点迷津：教育思考】

　　特殊学生几乎是每一个班级共同的难题，特殊学生的出现，要综合各方面的原因来考虑，可能有先天不足导致的，可能有家庭不当教育造成的，还可能有社会环境形成的。对待这些特殊的孩子，一定要有足够的爱心和耐心。陶行知先生说："真教育是心心相印的活动，唯独从心里发出来的，才能打到心的深处。"只有充分了解每一个特殊学生的情况，利用自身储备的理论和经验，为他们量身打造属于他们的"变身计划"，这些特殊学生才会擦去身上所蒙的尘埃，闪耀属于他们独特的光彩。在教育小华的这场"谋划"里，作为教师，我精心设计、步步为营，逐渐扭转了小华的"问题"。现在的小华正熠熠发光，她的精神世界已从原来每天的浑浑噩噩扭转为现在的神清气爽、干劲十足，我真为她高兴。我也希望，每一个特殊学生，都能被理解、被接纳、被教育，逐步回归正常的轨道，赢得属于自己的精彩未来。

参考文献

[1] 埃·德·亚米契斯.爱的教育[M].王干卿，译.北京：人民文学出版社，2019.

[2] B.A.苏霍姆林斯基.给教师的建议[M].周蕖，王义高，刘启娴，等译.武汉：长江文艺出版社，2014.

新手教师的融合之旅,且行且珍惜

深圳市福田区园岭教育集团百花小学 伍占凤

著名教育家苏霍姆林斯基曾说:"这些特殊儿童不是畸形儿,他们是人类无限多样化的花园里最脆弱、最娇嫩的鲜花。"这些别样的鲜花,等待着我们用更多的爱和包容去浇灌。注意力缺陷多动症(ADHD),即多动症,是一种发展性行为障碍,以注意力缺陷为主要症状,并伴随多动、冲动、固执和自控力差等症状。初为人师的我,面对园中这几朵特殊的花朵,又该如何浇灌呢?

【情境再现:案例回放】

初次相遇,难以相"融"

我在澳大利亚担任汉语教师期间,曾帮助过特殊孩子学习中文,但是当时有本地特教老师的帮助,他所有的行为问题都不需要我负责,所以我的工作相对来说是轻松的。毕业后,我入职深圳市福田区的一所小学,竟然遇到了好几个特殊孩子,这就是我和融合教育的正式相遇。

我被安排在一年级任教语文,同时也是班主任。我们班共49名学生。在初次和这群孩子见面的时候,我就发现有几个孩子表现得和同龄孩子不太一样。他们好动、插嘴，和他人没有边界感，时不时无故尖叫，收拾书包非常慢。我和他们交流时，他们总是不看我的眼睛。大约两周后，我收到了一位家长发过来的医院诊断报告，他告诉我小军发育迟缓，伴有注意力缺陷多动症。在得知此事后，我是紧张的，没有融合教育经验的我应该如何展开教学呢？我能做好吗？小辰和小林也有类似注意力缺陷多动症的表现，我应该怎么和家长反馈呢？一连串的"怎么办"出现在我的脑海里，让我不知所措。失眠好几夜的我陷入焦虑。好在有我身边有经验的教师的提醒，她告诉我就把他们当作是你入职的第一个挑战，也是学校对你能力的信任。在同事的鼓励下，我收拾好心情，准备迎接挑战。

"抗衡"之路，逐渐融合

新学期的各项工作步入正轨后，我就开始了与融合教育的"抗衡"。

小军的家长是第一位主动联系我的，他也不避讳讨论孩子的问题，对教师也是极其信任，于是我决定从小军入手。通过与小军家长的详细谈话，结合这段时间我对小军的观察，我们单独为小军设立了每日教学目标，并降低对他的学业要求，完成一个小目标就会给他充分的言语鼓励或者小奖励。小军虽然做事情很慢，但是在家长的鼓励和教师的引导下还是愿意做出改变的。只是这个过程真的太消耗教师的耐心和精力了，就光放学等他收拾东西就需要半个小时，更不用说让他及时完成作业登记了。有时候，为了不影响全班同学，我也只能"粗鲁"地帮他收拾好书包。至于小辰和小林，起初我尝试和家长沟通他们在学校的表现，但由于家长对融合教育缺乏正确认识，有些抵触，直到孩子因多动导致了安全事故，并且接到其他家长的投诉，家长才逐渐重视起来。我费了九牛二虎之力，动之以情，晓之以理，最终得到了家长的配合，他们愿意去找专业团队给孩子做个判断。后经过医院诊断，他们也是注意力缺陷多动症，其中小辰是冲动型，小林是混合型。在医生的建议下，小林还需要药物的辅助，相比小辰更严重些。

在教学过程中,我将学生同质分组。我发现三位同学都不怎么参与到自己学习小组的讨论与互动中。当我提出较为简单的问题时,小军、小林能主动举手回答。对于他俩的每一次主动参与行为,我都会给予鼓励或表扬。但小林的发言常脱离提问或是冲动回答说一些好笑的东西,干扰课堂节奏,我则会视情况打断他的发言,有时会表现出我的无奈。小军常常不能按时提交作业,但在家长的指导下能把作业完成。小辰从不主动参与课堂互动,在没有及时交作业时,他会主动来办公室补交。

我时常为要处理小辰、小林和其他同学产生的矛盾而头疼。任课教师时常向我抱怨小军在课堂上无法完成作业,尤其是考试,他甚至不愿意动笔写名字。听到教师们的抱怨,我也很无奈。面对每天繁重的教学任务,我也只能偶尔记录他们三个的表现,反思调整教学策略,希望自己能够更多关注到普通学生的学习,因为他们三个真的太消耗我的精力了。

直到第二学期,学校聘请了专门做融合教育的团队,给这三位同学做"一对一"的辅导和注意力训练,我与融合教育的"抗衡"也算是缓和了一些。从和团队教师的合作中,我也在不断反思自己的教学。

用爱"和解",其乐融融

2022年3月至4月底,我们上了近两个月的网课。网课期间,我惊人地发现小军、小辰和小林的作业能够及时完成,完成质量也不错。线上课我多次和他们连麦,鼓励他们参与课堂。我对他们的每一次主动表达提出表扬,并让其他同学通过评论区鼓励他们,给他们点赞。我充分利用网课期间的时间,阅读了大量关于融合教育的书籍,积累了一定的特殊教育知识和技能。

一天,我收到小辰的微信语音,他告诉我他喜欢上网课,同学的点赞和教师的表扬让他很开心,希望教师每次都能邀请他发言,但是昨天他没有收到邀请，难过了一整天。收到消息后，我立马和小辰视频了，并且耐心地告诉他，班级有很多同学，每个小朋友都希望获得教师的关注，我们要给其他小朋友机会，并且告知他你是唯一一个和老师视频的同学。知道教师对他的"偏爱"后，他逐渐爱上了学习。在进行线上家访时，我感受到了小辰父母对孩子在学习上良好表现的欣慰和喜悦之情，他们坦言从来不知道小辰对学习这么有热情。这让我意识到线上教学中与学生"一对一"交流似乎比线下教学时更为便捷。我增加了对这三位特殊孩子的关注，通过在线与他们交流，我还与家长线上通话，增强家校联系，了解特殊学生在家学习、生活的状态，提高了家长在特殊学生教学活动中的参与度。

事实证明，线上融合教育实践的效果远比线下教学好得多。线上教学课程内容简单，教师空余时间较多，学生学习反馈更快，融合教育在线上教学实践中获得了非常大的发展空间。曾经在线下出现的部分问题，如小辰扰乱课堂秩序、小军消极学习以及他的畏难情绪均有所改善。我和其他任课教师对特殊学生的关注度大大提高，孩子与教师和家长的互动都增多了。

通过两年的努力，我和融合教育相互适应，我们终于"和解"了。

【寻根溯源：案例分析】

融合教育的发展对随班就读教师提出了更高的素质要求。但是总体来说，教师特殊教育知识和技能缺乏，尤其是新任教师的经验不足，导致家长的信任值不高，教师缺乏专业的培训和指导。回望作为新手教师的三年融合之旅，有迷茫，有痛苦，有惊喜，有感动，有反思，有进步。我想这就是成长吧。如果说未来教学生涯总会遇到这样特殊的花朵，那我是非常幸运的。因为我在旅途的一开始就遇见了，虽偶尔会撞得头破血流，好在自己没有放弃，所有的伤疤最终将成为我的勋章，指引我继续前行。从我个人短短的三年融合之路，可以看出小学融合教育是非常不容易的。从以上叙述可以看到，我的融合教育实践素养经历了一个非常曲折且复杂的过程。

与融合教育的"初遇"，我能够通过观察，意识到班级中存在特殊儿童。教育诊断与评估能力是教师融合教育的重要素养。在同事的鼓励下，我能够做到勇敢地正面融合教育，这是值得肯定的。教师对融合教育的积极态度有助于与融合教育的发展。但是，我在初始阶段过度焦虑，可见，由于新任教师对融合教育实践方面欠缺经验，显得我与融合教育的相遇发生得突然。在与融合教育"抗衡"的过程中，由于缺乏特殊融合教育知识和实践经验，总是方法不当或是费尽了力气却效果不佳。家校合作对于融合教育的开展非常重要。与融合教育"抗衡"的这个过程，如何取得家长的信任和配合是关键，也是融合教育中的难点。好在我顶着压力，不放弃，在学校提供的专业团队的协助下，逐渐缓和与融合教育的"抗衡"模式。最后，线上教育的契机，让我有了积累融合教育知识和反思融合教育实践的时间，促进了融合教育素养的形成。

【指点迷津：教育思考】

三年融合之路，我得到了同行的很多帮助，在与许多新任教师的交流中，我们感同身受，意识到要做好融合教育是件非常不容易的事情。

首先，我们要培养新任教师的融合意识，提升评估能力。新任教师融合教育的效果不理想除了工作压力外，与不正确的融合教育实践和教师的教育信念感不够强有一定关系。我们国家要求随班就读，讲的就是教育公平，教师应充分思考随班就读的意义，培养融合教育意识。教师的教育诊断和评估能力对促进工作顺利展开有重要作用。中小学教师应该要多接受一些关于教育诊断和评估的学习，积极参加相关培训，提升评估能力。

其次，应该增强家校合作，互相理解信任。我能顺利地实施线上融合教育，离不开教师之间、教师与学校、教师与特殊学生家长的沟通合作。我国最新出台的《小学教师专业标准（试行）》和《中学教师专业标准（试行）》中均提到了"教师应具有团队合作精神，积极开展协作与交流，包括与同事合作交流，分享经验和资源。与家长进行有效沟通合作，共同促进学生发展"。我能充分利用家校合作的力量，取得家长的信任和理解，让融合教育更加有效展开。

再次，建立融合团队，增强沟通合作。师资建设对融合教育的发展特别关键，教师的融合教育素养水平直接影响着融合教育的整体质量。值得庆幸的是，我所在学校对于融合教育还是挺重视的，特聘专业团队指导融合教育。但是，资源教师和普通教师的合作也是有限的，因为资源教师的人数有限。比如我所在的学校，两个校区，两千多名学生，却只有两位资源教师。当特殊紧急事情发生时，他们也分身乏术。在我国以随班就读为主要安置形式的融合教育环境中，普通学校应配齐资源教师，并使资源教师与普通教师达成良好的合作，使所有教师都能充分"扬其所长"，共同促进我国融合教育质量的进一步提升。

最后，创设融合环境，多反思多调节。教学反思是教师实现自我成长的有效途径。我能够主动学习融合教育相关知识，在与融合教育"较量"的过程中，坚持记录和分析，结合教育实践不断反思总结，同时学校也提供了团队和环境的支持，最后才和融合教育"和解"。

总之，道阻且长，在融合教育这条路上，我们要善于发现，用爱融合，加强家校合作沟通，让每一朵特别的花朵散发别样的芬芳。放心，你不是一个人在行走，我们携手且行且珍惜。

用爱治愈心灵

深圳市龙华区松和小学　倪爱华

他们,被称为来自星星的孩子——孤独症(又称自闭症)儿童,他们说话时总是眼神闪躲;他们不合群,会一个人待在一个角落里玩;他们行为刻板;他们会有不同程度的社交和交流障碍,对外界异常敏感。由于人们对孤独症的误解,或者说对这个疾病的不了解,让他们在社会中经常被歧视,或者得不到公正的对待。

他们生而不同,但都有自己的可爱之处,只是看待世界的方式与我们不同而已。他们是一群非常特殊的人,相比改变他们,让他们适应社会,去接纳、支持、包容、鼓励他们才更重要。愿我们,大手牵小手,让每一个自闭症孩子,都有从未放弃的家长、教师和社会群体的帮助和支持。

【情境再现:案例回放】

毛毛是就读一年级的学生,他特殊的行为,引起了我的关注。一次大课间,我看见他独自一个人站在教室后门号啕大哭,很伤心、很生气的样子,嘴里还嘟嘟囔囔着什么,我猜想,估计是刚上小学,还没适应,想家人了吧,于是我走近他,安慰他,他抱着我,情绪慢慢稳定一些。我叫来几个小朋友陪他玩,心想,让他融入同学中去,有了玩伴,就不会想念家人了吧。第二天，又是在课间时，班里几个同学们跑来说毛毛又在号啕大哭，我立马停下手中的活，三步并作两步地赶到现场，远远就看见毛毛在大声地哭，举起一张胶凳子狠狠地砸在地上，又捡起来，又砸在地上，连着砸了几次，看到我，他才停止摔凳子。我找孩子们了解冲突原因，问有没有小朋友受伤，然后找毛毛单独谈话，交谈中，我发现他眼神闪躲，不会与我对视，还不停地咬手指头，经验告诉我，这个孩童有些不同。课堂上，我发现他不能专注地听课，手上总是拿着好几支笔在挥动，真担心他扎到自己或扎到旁边的同学；他每天都会大哭大闹，手里总是拿着好几支铅笔，情绪很不稳定，乱画教室的墙壁、书包柜等。第四周，我约见了毛毛家长，向家长反馈了孩子的情况。后来，家校协商一致后，尝试让家长陪读。家长在校陪读，当孩子闹情绪时，能及时处理，相对好一些。但治标不治本，为了孩子身心健康发展，我建议家长带孩子去做了检查。经专门机构诊断，毛毛被确诊为自闭症，目前，毛毛的家长正陪伴孩子积极治疗，帮助孩子融入社会。

【寻根溯源：案例分析】

毛毛上幼儿园的三年生活，居家生活时间多，父母工作自由，也经常居家办公，毛毛爸爸脾气暴躁，不论是生活还是学习上，对毛毛缺乏耐心，经常发脾气，妈妈对毛毛比较溺爱，照顾孩子无微不至。由于毛毛父母教育孩子的观点不同，方法不一致，给毛毛带来了很大的困惑和不安，只要妈妈不在毛毛的视线范围，毛毛就非常没有安全感。家庭矛盾时有发生，家庭氛围十分压抑，缺少父爱，毛毛变得胆小怕事，谨小慎微，毛毛老害怕自己又做错了什么，神经总是紧绷着，久而久之，毛毛变得不爱与人交流，感受不到关爱，不愿去表达自己的意愿，把自己封闭起来了。上小学后，由于社交障碍，交流也困难，他变成了"独行侠"，身上的问题越来越多。新时代家长要做智慧父母，反思自己的行为，在陪伴孩子成长的过程中，不断给自己充电、扩容，用爱与陪伴给孩子稳定的支撑，用引导和得体的退出，给孩子足够的成长空间。改变和提升育儿方式，让自己更加觉醒、更加卓越，让孩子更加快乐、健康成长，才不会让孩子用一生去治愈童年。

亲子关系重于亲子教育，好的关系才有好教育。父母、教师与孩子之间不应是一种控制的关系，而应是平等、尊重、亲密温暖的关系，互相信任，带来一种松弛感，孩子在这样的氛围中生活才是舒服的。

亲密关系重于亲子关系。心理学家曾奇峰说过："家庭中最核心的关系是夫妻关系，当夫妻关系和谐时，孩子的人格往往比较正常。"也就是说，家庭中排在第一位是夫妻关系，好的夫妻关系就是互相尊重、包容、理解和接纳，夫妻关系好，孩子也会性格开朗、自信阳光。托尔斯泰说过："夫妻间的和睦是成功地教育儿童的首要条件。"反之，不良的夫妻关系是孩子心灵的杀手！

因此，当父母因工作忙而忽视对孩子的爱，或者对孩子不管不问，甚至打骂呵斥，会让孩子无法感受到家庭的温暖与关爱；过分溺爱"宠养"，过分包办，导致孩子社会、生活技能低下；过分保护"圈养"，很少让孩子接触外界，会使孩子失去自我成长的机会，对外界充满恐惧和误解，变得胆小怕事、性格内向、自私、不合群；父母害怕孩子输在起跑线上，像牧羊人一样"赶"着孩子挤往一个个小终点，对孩子高压教育，漠视孩子的想法和心理需求等不当的养育方式和家庭因素也会引发儿童自闭症。为了孩子的身心健康，父母要尽可能地关爱和多陪伴孩子，多带孩子进行户外活动。台湾作家三毛说，好的生活不可能远离自然，不让孩子做塑料儿童。

【出谋划策：解决方法】

（一）人本主义的方法

对于儿童自闭症，应做到早发现，早治疗，即一旦发现，就及时去找专业的医院评估，并进行科学的干预。关于干预，要基于一些人本主义的方法。社会心理学、人本主义心理学家马斯洛，曾提出著名的需求层次理论，强调人的尊严和价值、自由意志以及潜能。因此当我们与毛毛在一起时，要尊重和信任孩子，并根据他的意愿，了解他有什么样的能力，我们就帮助他发展什么能力。毛毛虽课堂听课不能专注，但通过细心观察，我们发现国象课上，他可以做得很好，全程能听课，兴趣浓厚，课后，家长还专门给毛毛报了国象兴趣班，培养孩子的业余爱好。还有心理学家罗杰斯的"来访者中心"心理疗法，来访者在咨询过程中，如能得到咨询师真诚的共情，无条件的积极的关注，他最终会获得自我拯救的力量，而重获新生。当毛毛有情绪哭闹时，我们并不是去强制、去制止，而是理解、包容、共情，去关注和陪伴。在教师的引导下，班上同学对毛毛都非常照顾、友好、包容。

（二）ABA应用行为分析法

ABA应用行为分析法，是心理学教授洛瓦斯针对自闭症儿童最突出的行为障碍问题，根据行为理论发展演变创建的一套科学的行为训练疗法，是治疗自闭症非常有效和安全的方法。早期密集地进行ABA的训练和干预，对自闭症儿童的学习、沟通、社交能力等各方面的提高都有非常显著的促进作用。

良好行为正向强化。发现毛毛安坐差、不听从指令、注意力维持时间短等，我告诉毛毛，课堂上，要坐端认真听课，所以听到我发出"请坐端"指令后，他如果完成得很好，我会表扬和奖励他做出了正确的反应；如果他没完成好，我会帮助他来完成，然后再进行表扬和奖励，不管他是主动还是被动完成，我都会奖励他，通过反复、高密度的训练强化，提高行为在未来发生的可能性。

不良行为消退。发现毛毛生气时会破坏桌椅、乱画墙壁，不写作业就破坏撕烂作业，并且还大声哭，我告诉毛毛不可以随意生气、哭闹、破坏物品，也告诉同学们，如果毛毛有以上不良行为，不用特别关注他，并且要离他稍远一点，避免被毛毛无意伤到。而当毛毛一两天不发脾气，我会奖励他，连续三天以上，我给他的奖励刺激物会更多些。

通过良好行为强化和不良行为消退，毛毛会主动配合训练，并知道只有配合才会得到奖励。刚开始训练时，我运用初级强化物，如小红花、棒棒糖、小零食、小玩具等，并且在选择强化物时，不凭自己的主观感觉，留心观察孩子喜欢什么，尽量以孩子最感兴趣的物品或游戏作为强化物。当我满足了毛毛的生理需求时，就会比较容易与他建立联系，然后再慢慢过渡到运用社会性强化物，如表扬、拥抱等。因为最终的目的是让毛毛走向社会。

（三）游戏训练法

教育家杜威说过："无论何时，无论何国，凡是儿童的教育，其大部分莫不借助于游戏与竞技，而对于年幼的儿童，尤其不能不如此。"

心理学家维果斯基也认为："孩子自己的玩耍，以及与成人或同龄的小伙伴在玩耍中的互动，不仅能够帮助孩子发展抽象思维，也能为孩子的社交沟通和情绪发展提供良好的环境与机会。"

游戏本身就有其固有的教育功能，一直都是让孩子了解世界的路径之一。游戏对自闭症孩子也有着天然的"养分"，是帮助孩子解决其心理和行为问题的一个有效手段。

自闭症孩子由于社交障碍和刻板行为，会导致其在生活中无视规则，可设计一些角色游戏，让孩子参与角色游戏，在游戏中学会遵守规则。课堂小组活动游戏环节，我会请毛毛一起参加，八个人一组，每个人轮流答一次题，通过训练，他可以较好地遵守规则。课间游戏中，如跳房子、丢沙包、投球等，通过多次训练引导，他也能较好地遵守规则。

注重角色游戏与现实社交的结合，让孩子通过角色游戏模仿、模拟真实社会中的人际关系。生活中，引导毛毛参与一些简单的家务，如帮妈妈递一些小物品，通过简单的交往活动，让毛毛从熟悉的人、熟悉的环境开始，逐渐过渡到与同学和教师的主动交往，这使毛毛的社交技能在一定程度上得到了发展。

【指点迷津：教育思考】

自闭症是一个以遗传因素为主，遗传因素和环境因素相互作用而导致的结果。

自闭症的干预，是一个长期甚至是终身的训练和治疗过程，没有单一特效的治疗方法，多管齐下，需要机构、学校、家庭、社区等多方结合协同育人。因此，要树立融合教育理念，一起接纳、包容、理解、支持自闭症儿童，把社会变成一个更适合他们成长的、更友好的环境，根据他们的学习和发展需求，形成教育合力，用心、用情、用爱发展自闭症儿童的潜能，帮助自闭症儿童达到他们所能达到的最大限度。

世界首例确诊自闭症的患者唐纳德·特里普利特，自闭症限制他生命的力量逐渐被克服，让我们看到了父母全心地爱他，给世人树立了一个关爱自闭症人士的榜样，如果没有人们的支持、鼓励、包容，唐纳德的故事不会成为奇迹。

但行好事，莫问前程。每年的4月2日是世界自闭症日，世界上很多著名的建筑都会亮起蓝灯，就是为了提醒大家，我们中间有这样一群很特殊的人，需要更多的理解与尊重。或许不只是对自闭症患者，我们应该学会理解、尊重和接纳每一个跟我们不一样的人。

参考文献

[1] 杜林,曹昱. 星星的孩子不孤单:写给自闭症儿童父母的话[M]. 上海:华东师范大学出版社,2017.

[2] 洛娜. 孤独症谱系障碍:家长及专业人员指南[M]. 孙敦科,译. 北京:华夏出版社,2022.

[3] 坦普尔·葛兰汀. 天生不同:走进孤独症的世界(增订版)[M]. 魏学明,译. 北京:中国人民大学出版社,2020.

用心耕耘，方能静待花开

——我和"画笔哥"的成长记

深圳市福田区园岭教育集团百花小学　李婷

静待花开，顾名思义，就是静心等待花儿开放，在教育教学上，可以理解为不要着急、焦虑，不要揠苗助长，静心等待学生的成长蜕变。静待花开，更是常常被用在教师期待特殊孩子的成长进步上。我想，静待花开是有前提的，就是教师尽心尽力，用心用智慧耕耘，方能静待花开！

【情境再现：案例回放】

初识印象："重音哥"

九月，我迎来了新一届的一年级小朋友。还记得报到那天，当我笑眯眯地看着班里那群小可爱时，耳边传来响亮的声音："老师，你好！我叫×××！"这就是小蓝，孩子的那声"老师"，虽然平翘舌不分，重音有点响，但稚嫩的声音听起来还是那么甜。我回头看到一双小小的眼睛随着摇晃的小脑袋在盯着我，我微笑地看了看他，赶忙引导他坐下来。如果说小蓝的声音吸引了我，那他的头型可能更让我关注，已为人母的我第一反应是：是不是出生时挤压造成的呢？多年带班经验告诉我这个娃可能得多关注。

果不其然，在初识学生点名时，点到小蓝的名字，一声又响又长的"到——"，把刚踏入新学校新班级的同学吓得要不捂住了双耳，要不四处张望寻找声音的来源。为了缓解气氛，也为了能和小蓝有个好的开端，我微笑着和同学们说："看来，今天刚踏入新班级，我们班的这位同学最激动最兴奋！看到可爱的你们，老师也很激动很兴奋，就让我们一起拍拍掌，祝贺我们成了一年级的小学生吧！"除此之外，那天上午算是平静的。放学时，我特别关注了接送小蓝的人，看到一位可爱的小妹妹远远地叫他"哥哥"。原来，他还是一位哥哥呢，就这样，我初识了"重音哥"。

开学第一周，小蓝除了朗读课文或说话时突然出现大声带重音的情况引起我和科任教师的关注外，其他方面还好，我自我安慰道：万幸，"重音哥"不会和同学发生冲突。于是，我也没有找家长沟通了解孩子的情况。

原来他是："画笔哥"

奇怪的是，在接下来的几周里，"重音哥"的重音慢慢退出了课堂，只是偶尔才能听到。但比"重音"更让我担忧的事接踵而来，小蓝把自己的小手、课桌、书本等物品，都当成了他的画纸，满满地画上了各种线条或大小不一的圈圈，后来了解到，那些圈圈就是他嘴里一直念叨着的几百亿几千亿年前的宇宙和星球。这个画面"似曾相识"，我不禁翻看报到前让家长帮忙拍摄的"自我介绍"视频，没错，原来视频里背景墙上有各种涂鸦的就是小蓝。慢慢地，他还喜欢走上讲台画黑板、画屏幕，但所画的东西最后也看不出一个整体的内容来。对于其他同学来说，黑板和屏幕是禁止涂画的，在这个过程中，小助手或一些同学会阻止他，不乐观的是，这些同学全都成了他不喜欢的人，有时，他会直接在黑板上写"某某同学是大坏蛋"，就连科任教师也不能幸免，对他比较严厉时或批评他时，他同样会一边嘴里念叨一边在黑板上写"某某老师是大坏蛋"。他的手，时刻想拿着笔，想涂涂画画，哪里都想尝试去留下"作品"，渐渐地出现了上课时随意走出座位的情况。就这样,他从"重音哥"变成了"画笔哥"。

一开始和家长沟通并不那么顺利。家长相信他在教室会出现这些行为,但家长觉得这些行为是很正常的,因为他在家里有爱涂画的习惯。在沟通中,家长的警惕性很高,担心孩子被"贴标签"。我也理解家长的担忧和想法,更知道想和这类型家长成为"战友",是很需要耐心的。于是,我和家长达成了一个小小的共识:只要小蓝不打扰课堂,不打扰同学,不伤到同学,就允许他一直画。家长给小蓝准备了一沓画画本,我也偶尔送他几张大卡纸,让他情绪波动比较大的时候可以用笔"自由发泄"。

我和"画笔哥"共成长

有了"画画"本,小蓝的情况也没多大的改善。慢慢地,小蓝桌底下尽是撕碎的纸屑,课本、作业本、铅笔、尺子也是满天飞,还出现了毫无原因去打同学的行为。我为此感到苦恼、无措与茫然。但我知道我不能放弃、不能气馁,办法总比困难多。我随即向前辈们请教教育特殊儿童的方式方法,前辈们指点迷津,我从中得到了安慰和鼓励,也在学校领导的帮助下,和小蓝家长进行了又一次的沟通会谈,最后,家长同意正视孩子的问题,并积极寻求专业的帮助,带孩子去做检查和排查,这是一个非常好的转机。在家长的共同配合下,后面有了医生的初步诊断,小蓝有"注意缺陷多动障碍"和"阿斯伯格综合征"。小蓝开始由奶奶陪读,奶奶与教师们共同引导小蓝与同学和睦相处。在与同学相处方面,小蓝渐渐有了一些进步,同学们也学会了包容他、关心他、帮助他。在涂画方面,小蓝仍旧停不下来,课上画、课下画,还能画出各国国旗,记住各国国家名称,有时也让同学们佩服。直到一天,喜爱涂涂画画的小蓝迎来了属于他的机会。恰巧学校校庆活动有绘画比赛,主题是"我和我的学校"。我提前告诉了小蓝这个可以展示自己的好机会,并和他的父母积极沟通配合,提前引导他构思画面。在现场绘画比赛时,虽然小蓝因为各种原因,作品并没有在学校得奖，但是他也成功完成了一幅自己的绘画作品，而且比班里好多同学画得都要好。我及时在班上展示了他的作品，给他颁发了小奖状，并让全班同学为他的进步和收获鼓掌，最后还送上了为他准备的奖品——画笔。那天，他开心极了，课间都拿着奖励的画笔和同学们分享。那一刻，我感受到他也是很希望被肯定和认可的。久而久之，在融合教育的引导中，同学们也发现了小蓝的闪光点，对小蓝有了改观，小蓝也变得更加自信开朗。我感受到走进小蓝的内心，多给他创造一些表现的机会，他也能像其他孩子一样闪闪发光，同时我也收获了内心给自己的一份肯定和值得。

【寻根溯源：案例分析】

结合小蓝在学校的表现以及家校沟通的情况来分析，我认为小蓝目前出现这类现象主要有以下几种原因。

（一）注意缺陷多动障碍和阿斯伯格综合征

多动症儿童因注意力存在缺陷，表现为与年龄和发育水平不相称的注意力不集中和注意时间短暂、活动过度和情绪波动过大，常伴有学习困难、品行障碍和适应不良等问题，在学校里难以与他人相处，需要进行药物与行为干预治疗。

患有阿斯伯格综合征的儿童表现与孤独症类似，但是大部分没有语言和智力障碍，表现为社会交往能力及沟通障碍、兴趣狭窄行为刻板等，但是由于每个人的个体差异很大，所以产生的症状也会有所不同。

小蓝几乎无法坐在座位上，会不由自主地随意走动，这也是注意缺陷多动障碍的表现。小蓝对低年级知识的理解和掌握情况，目前来看，比较符合同龄人的水平。但是，他在与他人沟通交流时存在较大的障碍，几乎没有同龄人的话题，语言发育情况也弱一些，没法完整、有条理地表达自己的想法。另外，兴趣比较狭隘、行为较为刻板也是小蓝的典型表现。这些症状都是比较贴近阿斯伯格综合征的表现。

（二）家庭教育的缺失

鲁道夫·德雷克斯曾提出："一个行为不当的孩子，是一个丧失信心的孩子。"一方面，小蓝自幼父母工作忙碌，常常出差，他大部分时间只和爷爷奶奶一起生活，并且爸爸相对性格暴躁，习惯动手打孩子。小蓝在成长过程中被长辈过分溺爱，缺乏正常的亲子交流，从而会以一些不寻常的举动去寻求他人的关注，以获得归属与认同。另一方面，由于父爱母爱的缺失，加之父亲的暴躁脾气和打骂方式，小蓝没有足够的父母之爱的滋养，缺乏一定的安全感。

（三）家长对孩子定位的错误

出于对孩子智力开发的迫切心态，家长为孩子报了各种补习班，小蓝两岁左右就去上早教班，进行一些思维开发和英语学习。但父母却忽略了对孩子最基本的自理能力和运动兴趣的培养。小蓝上学后，表现出不会收拾自己的书包、物品，在家里也是玩具到处摆放的状态。运动场上小蓝也不会跳绳，做操时非常吃力，运动协调能力明显比较弱。而小蓝的家长理所当然地将小蓝的"反抗行为"归结为孩子"不听话"，孩子被"宠坏了"。

（四）与同伴之间的矛盾

正如简·尼尔森在《正面管教》一书中所提到的："报复会使他们在没有能获得归属感和价值感的经历中受到的伤害得到补偿。"人的行为都是为了获得归属感与价值感，当归属感与价值感缺失时，孩子可能会通过报复行为安慰自己。在家里，小蓝得不到父母的关爱，甚至还有爸爸的殴打，小蓝会常常说：爸爸是"坏人"。因为他的思维是单线条的，简单直接地认为批评他的人或对他有意见的人都是"敌人"。在同伴的初印象里，小蓝不是一个友善的同学，他脾气古怪，情绪波动大，还时不时招惹同学、顶撞教师，几乎没有人能和他玩到一块去，有些同学也表示不敢靠近他。但越得不到关注，他便越喜欢去招惹别人，引起他人的不快，以获得部分心理上的补偿。

【出谋划策：解决方法】

（一）换位共情，走进孩子内心

作为班主任，首先我应该理解并接受小蓝的这些异常行为。在他情绪激动的时候我都会握着他的手，尝试着安抚他的情绪，让他慢慢地平静下来，或选一个他感兴趣的话题跟他聊天，或拿出画笔让他尽情地挥洒，转移他的注意力。

有一次，他在教室打了一位男同学，我知道后，并没有马上批评他，反而跟他说："你能和老师一起去办公室拿些奖品发给大家吗，老师一个人拿不了。"在走去办公室的路上，我就和他闲聊，我问他刚刚为什么打同学呢？他不说话，我说"那我来猜猜好吗，猜对了你就点点头。是他给你起外号了，对吗？"他点了点头。我从他的眼睛里看到了打转的泪珠，仿佛在说：老师原来是懂我的，理解我的，关心我的，老师没有觉得都是我的错。那一瞬间，我不由自主地抱了抱他。

小蓝同学不善于表达，常常只能说几个词语，表达没有逻辑和条理性，常常把话憋在心里，他一定也很难受。所以，我鼓励他要学会表达，勇于把自己的想法说出来，多和教师沟通。

（二）同伴互助，共同成长

小蓝如果能得到同伴互助，在包容有爱的集体里学习生活，对他的帮助是很大的。在给班里所有孩子做思想工作时，让他们了解到小蓝同学身上的优缺点，让同学们理解小蓝的一些特殊行为并不受他自己的控制。同学们需要关心他、帮助他、包容他，他也是我们可亲可爱的同学，是我们这个班集体不可或缺的一员。现在，每当他违反课堂纪律、情绪激动的时候，他的好朋友们也会去提醒他、安抚他、和他一起画画等。对其他同学来说，这也是生活中的必修课，也能从与小蓝共处以及帮助小蓝的过程中得到成长。

（三）正面反馈，及时鼓励

小蓝经过努力有一些进步时，我也会及时进行正面反馈，给他足够的表扬和鼓励。他在学习上很聪明，如语文方面，他识字量大，我经常给他当小老师的机会，让他领读，他非常开心，课堂上也会更加配合。又如数学，即使课上难以集中精力，在考试中依然可以取得不错的成绩。他最喜欢的是英语，常常读得绘声绘色。他在升旗、做操有进步时，我也会在全班同学面前及时表扬他，并把这个好消息分享给家长，也让家长看到希望，感受学校和教师对他的关爱。

（四）投其所好，培养自信

这些特殊儿童，往往都有一些自己闪闪发光的地方或别的同学一般难以企及的长处，这需要我们用心去发现，并创造机会让他们获得成就感。案例中，小蓝喜爱涂涂画画，我巧借学校绘画比赛的契机，引导他完成绘画作品，并及时给予展示的机会，给他颁发小奖状、小奖品，从而激发他的自信心，让他得到肯定和收获成就感。小蓝记忆力也不错，背书背得很快，常常自告奋勇要背书给全班同学听。我给他"背诵小达人"的称号，并让一些同学到小蓝那里背书，小蓝也非常喜欢这个小任务。这些肯定和鼓励，对小蓝来说很需要也很珍贵。

（五）家校合作，科学共育

我多次与小蓝家长交流小蓝在学校的表现，并让家长知道教师和学校都很关心很关注孩子，也在尽心尽力地帮助孩子。学校和家庭要方向一致，劲往一处使，才能更好地帮助孩子成长，并建议他们可以从以下三个方面着力改进教育方法。

第一，多与孩子耐心沟通。家长要从态度上改变对孩子的看法，认识并接受孩子的特殊行为及其背后的原因。耐心倾听孩子的想法，认识到多动症孩子不是故意调皮捣蛋，而是难以控制自己的行为。同时建议父母周末多带孩子走进公园、爬爬山，感受大自然的同时向孩子表达爱与关怀，增强孩子的安全感。

第二，为孩子适当减负。低年级正是孩子行为习惯养成的关键时期，成绩不是首要的，过多的学业压力可能加重孩子的厌学情绪，不如合理减负，相对减少对孩子学习上的要求。每天留出一定的时间训练孩子的注意力与行为习惯。

第三，及时正面鼓励。从小事入手，培养孩子的自信心，让孩子在正面鼓励中纠正行为。如家长可以借助吃饭、阅读等小事情，培养孩子的有效注意时间，及时给予评价和鼓励。还可以制定一份行为量表，构建阶梯式成长激励体系，若一次比一次有进步，可以给予适当奖励。

【指点迷津：教育思考】

还记得刚站上讲台时，初出茅庐的我，就遇到了来自星星的孩子。那一年可以用"身心俱疲，挫败无措"来概括，更是打碎了我对职业生涯的美好憧憬。说实话，几乎每次接手新的班级都要和这些特殊儿童打交道共成长，虽然现在已经有了六七年的班主任工作经验，但以往并没有非常好的教育体验或者说并没有找到教育特殊儿童的好办法，就更谈不上真正积攒教育特殊儿童的经验，更何况每一个孩子又都是独一无二的个体。所以，再一次遇到来自星星的孩子，我还是很焦虑、很头疼的。通过近年来对融合教育的了解，以及对这些特殊儿童教育知识的学习，我慢慢转变了观念，也能更加心平气和地主动去探索去寻求适合的行之有效的方法，真正希望能为这些孩子做点儿什么，真正希望能帮助到这些孩子，让他们有所成长，这一个艰辛漫长的过程，何尝不是作为教师的我的自我成长呢？当下，这类孩子也越来越多，对于教师们而言，在这些孩子中付出的时间、精力是很多的，但往往收效甚微。这类孩子的教育工作做得不如意，也必然影响着班级的建设和发展，影响着班主任的工作。在这里，我发自肺腑地建议刚入职的教师们都可以积极学习融合教育的理念，积极了解特殊儿童的表现和应对策略等知识，做好心理准备和经验积累，让自己在职业生涯中更好地成长。

此外，同样作为父母的我，深知为人父母的不易，深感在培养孩子教育孩子的过程中不仅需要满满的爱，科学的方法、智慧地应对也非常关键。作为一位师者，特殊儿童的出现，让我更加懂得对待祖国的花朵要有一颗发现美的心灵，要有一双发现学生潜能的眼睛；同时，爱心、耐心、智慧之心更是必不可少。对于特殊儿童，特别是阿斯伯格综合征和注意缺陷多动障碍于一身的星星孩子，他们的不良行为并非有意为之，而是缺乏正确意识、缺乏自控力或是因需要未得到满足等而产生的。面对孩子的错误，一味地批评指责可能将孩子推向另一个极端，以爱和包容走进孩子的内心世界，了解孩子行为产生的原因，采用科学有效的教育方式，帮助其消除不良行为动机，提高自控能力，才是我们应该做的。让我们勿忘初心，用心耕耘，静待花开吧！愿小蓝这朵特殊的花儿可以在未来绽放自己的精彩，闪闪发光！

参考文献

[1] B. A. 苏霍姆林斯基. 给教师的建议 [M]. 北京：教育科学出版社，1984.

[2] 李秀萍，司学娟. 班主任工作的30个典型案例 [M]. 上海：华东师范大学出版社，2013.

雅量慈心，赋教惠源

——特殊儿童德育教育新思

深圳市福田区荔园小学（百花） 霍琰

特殊儿童教育作为教育领域中的重要课题，其研究不仅关乎特殊儿童个体发展，也涉及整个社会的共同责任。特殊儿童因其与仿龄儿童不同的发展特点，更加需要细致入微的关怀与教导。本文旨在探讨特殊儿童德育的新思，为这些特殊而可爱的孩子们奠定坚实的成长基础。这不仅是教育工作者的责任，更是一种对爱与关怀的传递与延续。

德育对特殊儿童的意义不亚于智力和情感发展，甚至更为重要，其重要性体现在塑造其人格、培养其情感、提升其道德修养等诸多层面。通过德育教育，可以促进特殊儿童的自我认知、情感表达能力和社会适应能力，帮助他们更好地融入社会，实现自我发展和自我实现，这更体现了对特殊儿童的人文关怀和社会责任，帮助他们建立自信、发展潜能，赋予他们独特的人生价值和社会贡献。

【情境再现：案例回放】

小航，这个看似平凡的小男孩，在班里总是带着一份与众不同的孤独。他长相清秀，总是穿着干净整洁的衣服，但他的世界却比同龄人复杂得多。他生活在一个单亲家庭，从小便缺少父爱，而更让他与众不同的是，他患有严重的躁狂症。

每当躁狂症发作，小航就像变了一个人，他的眼神会变得狂乱，行为也变得无法控制。一次红歌比赛集训，本应是充满欢声笑语的时刻，却成了小航情绪失控的导火索。那天，阳光正好，同学们都沉浸在音乐的海洋中，排练着即将上演的红歌。小航也拿着口风琴，站在队伍中，看似平静。然而，随着排练的深入，他的情绪开始逐渐变得急躁起来。突然，他猛地把手中的口风琴摔在地上，发出刺耳的声响。同学们都惊讶地看着他，不知道发生了什么。紧接着，他又向同学群中踢去，场面一片混乱。

我见状，急忙上前试图阻拦他的躁动行为，并轻声地呼唤着他的名字，试图让他冷静下来。然而，小航的情绪已经完全失控，他像一只被困住的野兽，疯狂地挣扎着。在混乱中，他突然转过头，狠狠地咬住了我的手臂。疼痛感瞬间传遍了我的全身，但我却没有松开手，依然紧紧地抱着他，试图让他感受到我的存在和温暖。

那一刻，我深深地体会到了特殊儿童教育的艰辛和不易。他们不仅需要我们的关爱和陪伴，更需要我们的理解和包容。他们的世界或许充满了困惑和不安，但只要我们用心去理解、用心去关爱，就一定能够找到与他们沟通的方式，帮助他们走出困境，迎接更美好的未来。

【寻根溯源：案例分析】

小航的案例凸显了特殊儿童教育中面临的一些挑战，特别是当这些孩子同时面临家庭问题和心理健康问题时，孩子的反应则会更加强烈和极端。

（一）心理压力与情绪释放

躁狂症是一种严重的心理健康障碍，它会导致患者在发病期间经历情绪高涨、易激惹、冲动行为以及无法控制自己的言行。小航的躁狂症是导致他行为失控的直接原因，这一心理健康问题在小航身上表现得尤为突出。

1. 情绪状态极不稳定

他们可能会经历极端的情绪波动，从极度兴奋到极度愤怒，这种情绪的快速变化使得他们难以预测和控制自己的行为。在小航的案例中，他在红歌比赛集训时突然变得急躁，这很可能是躁狂症发作时的情绪不稳定所致。

2. 缺乏对行为的认知和控制

在发作期间，他们可能会表现出冲动、攻击性甚至危险的行为，而不顾及这些行为可能带来的后果。小航摔坏口风琴并向同学群中踢去，正是这种冲动和攻击性的体现。他无法控制自己的情绪和行为，导致了对周围人和物的伤害。

3. 其他症状相伴

患者还可能伴有其他症状，如思维奔逸、夸大观念等，可能会觉得自己无所不能，产生不切实际的想法和计划，这种思维的跳跃性和不连贯性进一步加剧了他们行为的不可预测性。

（二）家庭支持与心理健康

家庭是孩子成长的摇篮，对于孩子的心理健康起着至关重要的作用。小航作为一个单亲家庭的孩子，其家庭背景很可能对他的心理状态产生了深远的影响，进而加重了他的心理负担，甚至可能加剧了他的躁狂症症状。

1. 家庭结构对孩子情感发展的影响

单亲家庭的孩子往往面临着家庭结构的不完整和家庭成员的缺失。这种缺失可能导致孩子缺乏足够的关爱和支持，尤其是对于像小航这样患有躁狂症的孩子来说，这种关爱和支持的缺失可能更加严重。缺乏父爱或母亲因应对生活压力而疏忽了对孩子的关心，都可能使小航感到孤独和无助。这种孤独感和无助感可能进一步引发他的情绪不稳定，加剧躁狂症的症状。

2. 不稳定的家庭氛围对心理健康的冲击

家庭环境的不稳定也可能对小航的躁狂症产生影响。单亲家庭往往面临着更多的经济压力和生活挑战，这些压力和挑战可能导致家庭氛围紧张，甚至出现冲突和争吵。这种不稳定的家庭环境可能使小航感到更加焦虑和不安，从而进一步加剧他的躁狂症症状。

3. 特殊需求孩子面临的家庭理解障碍

家庭对小航的特殊需求缺乏了解和支持也是一个重要的因素。躁狂症是一种需要专业治疗和管理的心理健康问题，但很多家庭可能对这种疾病缺乏足够的认识和理解。如果家庭没有意识到小航的躁狂症症状，或者没有给予他足够的支持和理解，那么小航可能会感到更加孤立和无助，这也会加剧他的症状。

为了改善小航的心理状况，我们不仅需要关注他的疾病本身，还需要深入了解他的家庭背景和家庭环境，为他提供全方位的支持和帮助。这包括加强家庭教育，提高家庭成员对躁狂症的认识和理解；提供情感支持，让小航感受到家庭的温暖和关爱；建立稳定的家庭环境，减少冲突和争吵，为小航的成长创造一个更加和谐、稳定的家庭氛围。

（三）教育环境与特殊需求

教育环境对于每个学生的成长都至关重要，特别是对于像小航这样有特殊需求的学生来说，其影响更为显著。为了促进小航的健康成长和发展，学校和教育者需要深入了解他的特殊需求，并为他提供全面的支持和帮助。只有这样，才能确保每个学生都能在一个包容、关爱和支持的环境中茁壮成长。

1. 了解学生需求

为了改善小航的教育环境并减少躁狂症发作的风险，学校和教师需要深入探索这类孩子的情感需求，理解其心理支持环境，满足其学习与发展要求，并接纳躁狂症孩子的独特性，从情感、心理、社交、学习和发展等多个方面探讨躁狂症孩子的需求，更全面地了解和支持像小航这样的孩子，为他们创造一个更加友好和包容的成长环境。在集体活动中，教育者应特别关注像小航这样的学生，为他们提供必要的支持和帮助，确保他们能够安全、愉快地参与活动。

2. 优化教育支撑力

学校和教育者可能对小航的躁狂症及其影响缺乏深入的了解。躁狂症是一种复杂的心理健康问题，需要专业的知识来识别和管理。遇到这样的孩子，作为教师的我们更应该了解这方面的知识，为他们提供适当的支持和帮助，真正做到优化教育支撑力。

3. 制定个性化方案

在集训这样的集体活动中，由于参与者众多、活动紧凑且强调团队合作，小航可能面临更大的压力和挑战。在这样的环境下，小航可能感到更加孤立和无助，无法获得必要的支持和理解，所以学校需要专业的心理辅导教师对他进行个案辅导，安抚其情绪，避免不安情绪的产生。

【出谋划策：解决方法】

小航的特殊情况确实给教育者带来了很大的挑战，特别是他在红歌比赛集训中突然发作的躁狂症行为。为了解决这一问题，需要从小航的个人、家庭、学校以及社会多个层面入手，制定综合性的解决方案。

（一）集体德育活动设计

集体德育活动是促进特殊儿童品德养成、情感交流和团队精神培养的重要途径。设计有意义和趣味性的集体德育活动可以激发特殊儿童的参与热情，促进他们之间的互动和合作。通过集体活动，特殊儿童可以感受到集体的力量和温暖，培养责任心和集体荣誉感，开阔视野、丰富体验，达到德育目标的多重效果。

举例来说，一个富有启发性和趣味性的集体德育活动可以是"植树义工行动"。在这个活动中，特殊儿童们参与植树过程，从选择树木、挖掘土壤到种植树苗，每一个环节都融入了团队合作和责任意识的培养。通过这样的活动，特殊儿童不仅可以感受到大自然的美好和植物的生命力，更重要的是能够体会到团队协作的重要性，培养对环境的热爱和保护意识。在这个过程中，他们不仅学会了如何与他人合作共同完成任务，还感受到了参与社会公益活动的快乐和成就感，进一步促进了他们的品德养成和情感交流能力的提升。整个过程不仅让特殊儿童获得乐趣和成长，也在无形中加深了他们对集体的认同感和团队合作精神的培养，达到了德育目标的多重效果。

（二）个别化德育方案制定

针对特殊儿童的个体差异和发展需求，个别化德育方案显得尤为重要。通过评估特殊儿童的认知、情感、社交等方面的特点，量身定制针对性强、个性化的德育方案，以满足其成长需求和发展潜能。个别化德育方案不仅能帮助特殊儿童充分发挥个人优势，克服个体困难，更能增进其自信心和自尊感，促进其综合素养的提升。

例如，在课堂上设置小组讨论、角色扮演等活动，让他逐步参与并感受到与他人交流的乐趣和重要性，激发其表达欲望和参与热情。同时，我们也可以引导其参加社交技能训练班，学习有效的沟通方式和处理人际关系的技巧，从而提升其社交技能和人际交往能力。通过这样的个别化德育方案，这位特殊儿童不仅可以克服自身困难，提升沟通能力，更能增进自信和自尊，促进其全面发展和综合素养的提升。

（三）家校合作深化

家校合作是特殊儿童德育实践中不可或缺的重要环节。家庭是孩子成长的第一课堂，家长是孩子最亲近的伙伴和引领者，与学校密切合作，共同关注特殊儿童的德育成长，将起到事半功倍的效果。通过家校合作，可以实现信息共享、资源互补，形成教育合力，从而更好地实现特殊儿童的全面发展目标。同时，学校和家庭共同承担着对特殊儿童德育的责任，应共同努力，共同呵护，使特殊儿童在温暖的家庭氛围和规范的学校环境中茁壮成长。

在传统教育观念下，特殊儿童往往容易被忽视或误解，德育工作存在着片面性和标准化的问题。部分特殊儿童由于缺乏有效的德育引导，德行与道德素养方面存在较大的改进空间。当前，特殊儿童德育面临着多元化的挑战，需要更加全面、深入的关注与支持。借助新时代教育理念和先进的教育技术手段，我们有机会为特殊儿童提供更为个性化和有效的德育教育方案，这也是未来特殊儿童德育工作的重要方向和挑战。

【指点迷津：教育思考】

小航在红歌比赛集训中突然发作的躁狂症行为，不仅对他自身造成了伤害，也对周围的同学和教师产生了影响。这一事件为我们提供了一个深刻的反思机会，让我们对教育中的特殊需求学生问题有更深入的思考。

特殊儿童的德育教育需要因材施教，采用多样化、个性化的方法。在德育实践中，应根据特殊儿童的个体特点和发展需求，结合其认知水平、情感特点，设计针对性强、富有启发性的德育课程和活动。同时，教师应注重心理关怀和情感引导，用爱心和耐心引导特殊儿童树立正确的人生观、价值观，通过不断创新、探索，为特殊儿童提供更加有效、个性化的德育教育。

特殊儿童德育是教育事业中不可或缺的重要组成部分，德育实践的关键在于因材施教，从个体特点出发，培养其积极品质和道德观念，促进其全面发展。通过集体德育活动设计、个别化德育方案制定和家校合作等策略，可以更好地实现特殊儿童德育目标。

未来，要进一步深化特殊儿童德育领域的理论研究和实证实践，探索更加有效的德育方法和策略，促进特殊儿童的个性化发展和全面成长。同时，需要重视德育教育的创新和持续改进，不断提升德育工作者的专业素养和教育水平，为特殊儿童的幸福成长提供更加有力的支持和保障。

一块蛋糕

深圳市福田区荔园小学（百花） 李小双

【情境再现：案例回放】

刚踏进办公室，桌子上的一块小蛋糕吸引了我的注意。这块蛋糕，成了我与她的"暗号"。

那天放学后，天渐渐暗下来。突然，一个黑影从门前忽闪而过。"谁？"我被吓得叫出了声。一个弱小的声音从墙角传来，"老师，是……是我""怎么还没回家？""我爸爸每天要忙到七点半才来接我。"她内疚地小声答道。是的，按照惯例我会批评她，因为我在班级里反复强调要按时上下学。听她这么说，到了嘴边的话我又咽了回去。"你来这儿等吧，这么晚该饿了，来，吃块蛋糕。"她默默地接过蛋糕坐下来，小心翼翼地打开了话匣子："我爸爸在超市里帮忙，很晚回来，妈妈在家看店，弟弟妹妹总是在我书上乱写……"我静静地听着，一直陪她等爸爸来接。出人意料的是，第二天早晨，小怡同学主动将作业交到我的办公桌上，见我来赶紧跑过来大声说："老师，我把作业交到你的桌上，你看到了吗？"这是我第一次听到她自信且自豪的声音。

你可知道曾经的小怡是怎样的？她总是最早到校，最后离校，默默来，安静走。在班级总是默默蜷缩在教室的一角，带着浓重的潮汕方音，不爱开口说话。家里四个孩子，父母忙着生意，无暇看管，经常不交作业。与她父母沟通多次，有效期却仅限三天，一周内便会回归原型。一开始，我会严厉批评她，让她利用课下时间补齐作业。可是这样治标不治本，她越来越消极怠惰。直到那块蛋糕的出现，让小怡发生了改变。

【寻根溯源：案例分析】

罗森塔尔效应，又称人际期望效应和皮格马利翁效应，指的是孩子通过教师对他的殷切希望戏剧性地达到预期效果的一种社会心理效应。这项实验的主要内容是：教师收到名单上的学生都很优秀的暗示，从而对学生们抱有极高的期待值，有意无意间通过自己的态度、表情、体谅和给予这些学生更多的提问、赞许的行为方式将自己的期望传递给学生们，学生们给予教师积极的反馈，从而达到了良好的循环，学生们的成绩渐渐朝着教师期望的方向发展。相反，未得到积极暗示的学生，其行为表现也会更加消极。

从心理学的角度来讲，教育者对被教育者进行相应的心理暗示，正面的心理暗示能让被教育者认识到自己的优点，挖掘潜力，增强自信力，对于眼下的困境，也能够鼓起勇气、努力克服；相反，一味地批评指责，只会让孩子越来越不自信，越来越不敢尝试，甚至消极怠惰。本案例中的小怡同学就是缺乏关注，教师和家长长期关注和聚焦于孩子的不足和缺点，因此一再以"统一化"的标准要求她"做到"，教师以及家长长时间的消极引导，负能量的"否定、批评、指责"等因素导致小怡同学越来越自卑、不自信，越来越"封闭"自己。"一块蛋糕"让我意识到了自己的问题，也开始关注到孩子的"正向需求"，因此在后来的教育教学当中，我逐渐转变了自己的观念，为小怡的一点进步而高兴，为她的一点转变而喝彩，每天对她说的最多的不再是"你没……；你怎么又……"，而是"你今天比昨天早到了十分钟，真不错；你的这个字比昨天写得好，有进步；

你今天上课坐姿很端正，太棒了……"，语言的变化，眼神的肯定，手势的鼓励，虽然只是一些细节的转变，但是这些积极正向的鼓励，却让小怡每天都在蜕变，一直在进步。

【出谋划策：解决方法】

（一）立足"罗森塔尔效应"，举办多样化的活动

原来撬开心灵的门扉，不是力量的博弈和较量，"反弹琵琶"，善用巧力，才能拨动孩子的心弦，让孩子渐渐改变。

小怡同学是我们班许多孩子的缩影，他们很多来自多兄妹家庭，父母忙于生计，常常忽略他们的成长，他们需要的就是"一块蛋糕"的关注。通过小怡的这件事，我发现这些孩子相较于冷漠的批评和一味的责备，更渴望得到关注和认同。因此，我开始从孩子的角度出发，在班级开展多样化的活动，如美食会、端午节特色活动等，调动家长参与的积极性；通过阅读打卡、故事分享会等活动，为孩子们搭建自我展现的舞台，增强他们的自信心。引导家长关注孩子成长的点滴，让孩子们"被看到"，让他们越来越自信。

（二）给予实质性奖励，多指导少批评

现在的我不会再以"统一标准"要求他们，而是带着放大镜去找寻每个人身上的优点，"反弹琵琶"，以多元智能的眼光去发掘他们的独特之处，施以"爱"的灌溉，撬动他们心灵的门扉，让"一块蛋糕"的甜蜜一直延续下去。在班级使用积分制管理，每项任务完成好的同学都将获得实质性的奖励，如一支笔、一个笔记本、一把尺子等，及时给予关注，随时给予鼓励。在教育教学中多鼓励指导，少批评指责。对未做好家庭作业的学生，先问清楚原因，多点耐心教方法，少点埋怨与指责。

【指点迷津：教育思考】

"一块蛋糕"的关注，让小怡变得越来自信了，她在课堂上偶尔会举手发言，午饭后会主动打扫教室，虽仍有不交作业的情况，但我"反弹琵琶"，不再严厉批评她，而是把她叫到身边，默默地陪她写完；书写潦草，我会先表扬她上课举手发言，再鼓励她把字写工整；与她父母进行电话沟通，不再是抱怨连篇，而是及时肯定她的点滴进步。渐渐地，小怡敞开了心扉，融入了班集体。

罗森塔尔效应是一则非常有趣的效应，它揭露了为什么有些孩子越长越优秀，而有些孩子却越长越叛逆。想要培养出一个优秀的孩子，就必须学会合理利用罗森塔尔效应，让孩子得到关注，受到尊重，获得表扬，找到价值。